Hachette-BnF s'enrichit d'une nouvelle gamme d'ouvrages en couleurs, fac-similés d'éditions originales publiées jusqu'au début du XXe siècle, sélectionnées parmi des pièces remarquables et rares conservées à la Bibliothèque nationale de France.

Imprimés à la demande, ces ouvrages sont ainsi des reproductions fidèles d'éditions d'œuvres richement illustrées de gravures, peintures ou dessins réalisés par de grands artistes. Les œuvres de cette collection ont été numérisées par la BnF et sont consultables en version numérique sur Gallica.

Pour découvrir tous les titres du catalogue, rendez-vous sur www.hachettebnf.fr

VIEILLES CHANSONS

ET

RONDES

POUR LES PETITS ENFANTS

NOTÉES AVEC DES ACCOMPAGNEMENTS FACILES

PAR CH. M. WIDOR

ILLUSTRATIONS DE M. BOUTET DE MONVEL

PARIS
LIBRAIRIE PLON
E. PLON, NOURRIT ET Cie, IMPRIMEURS-ÉDITEURS
RUE GARANCIÈRE, 10

1884

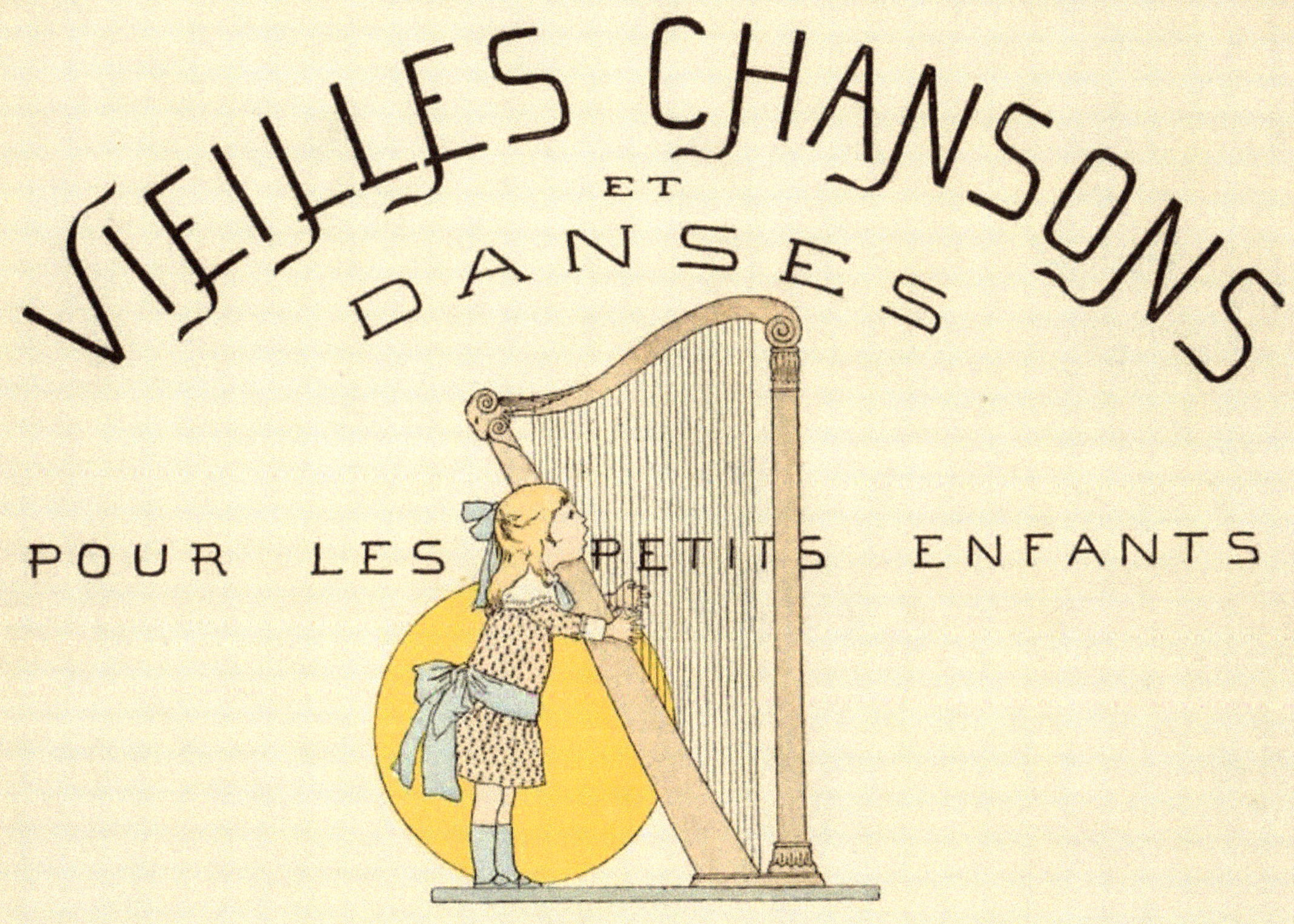
VIEILLES CHANSONS
ET
DANSES
POUR LES PETITS ENFANTS

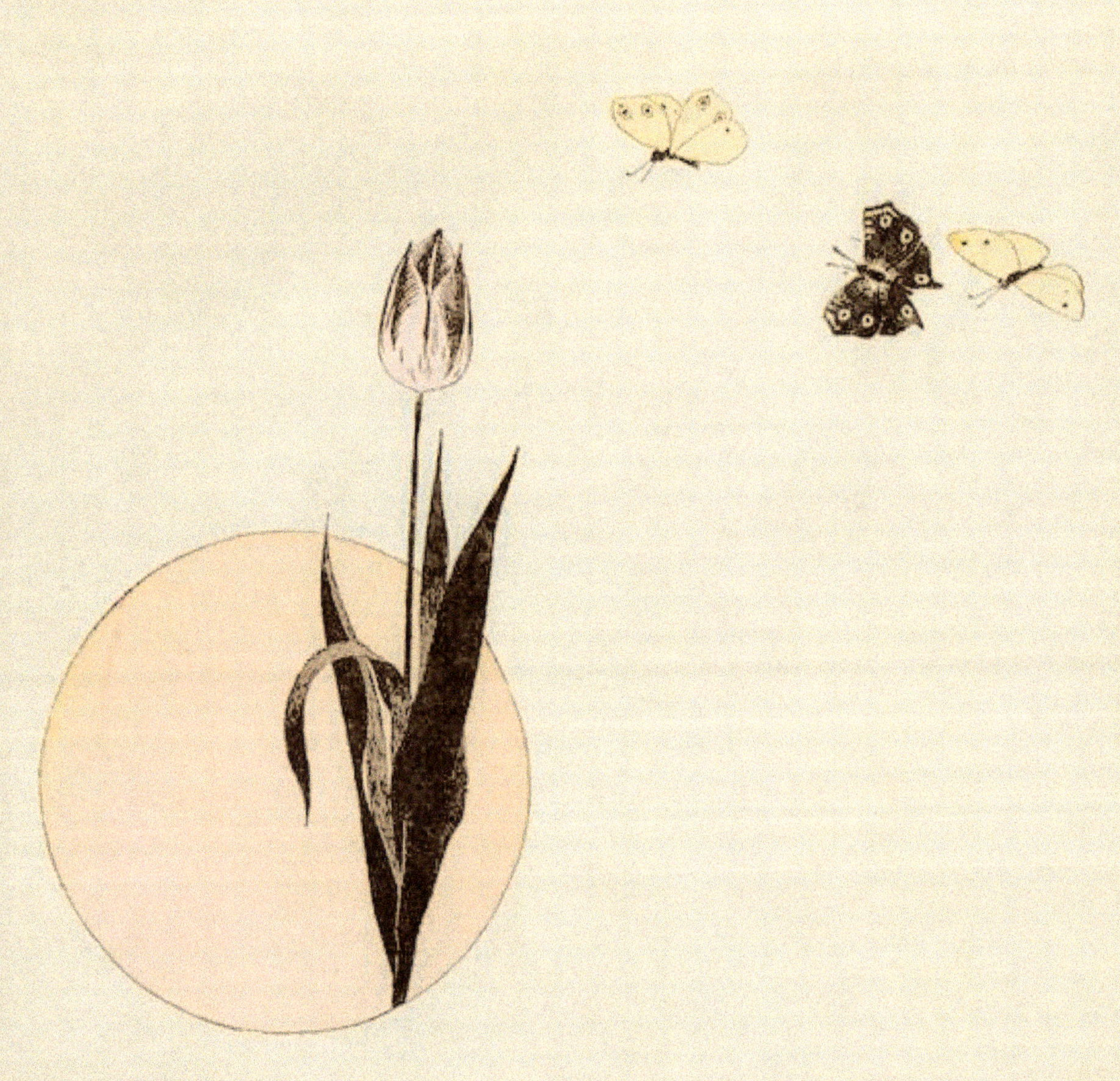

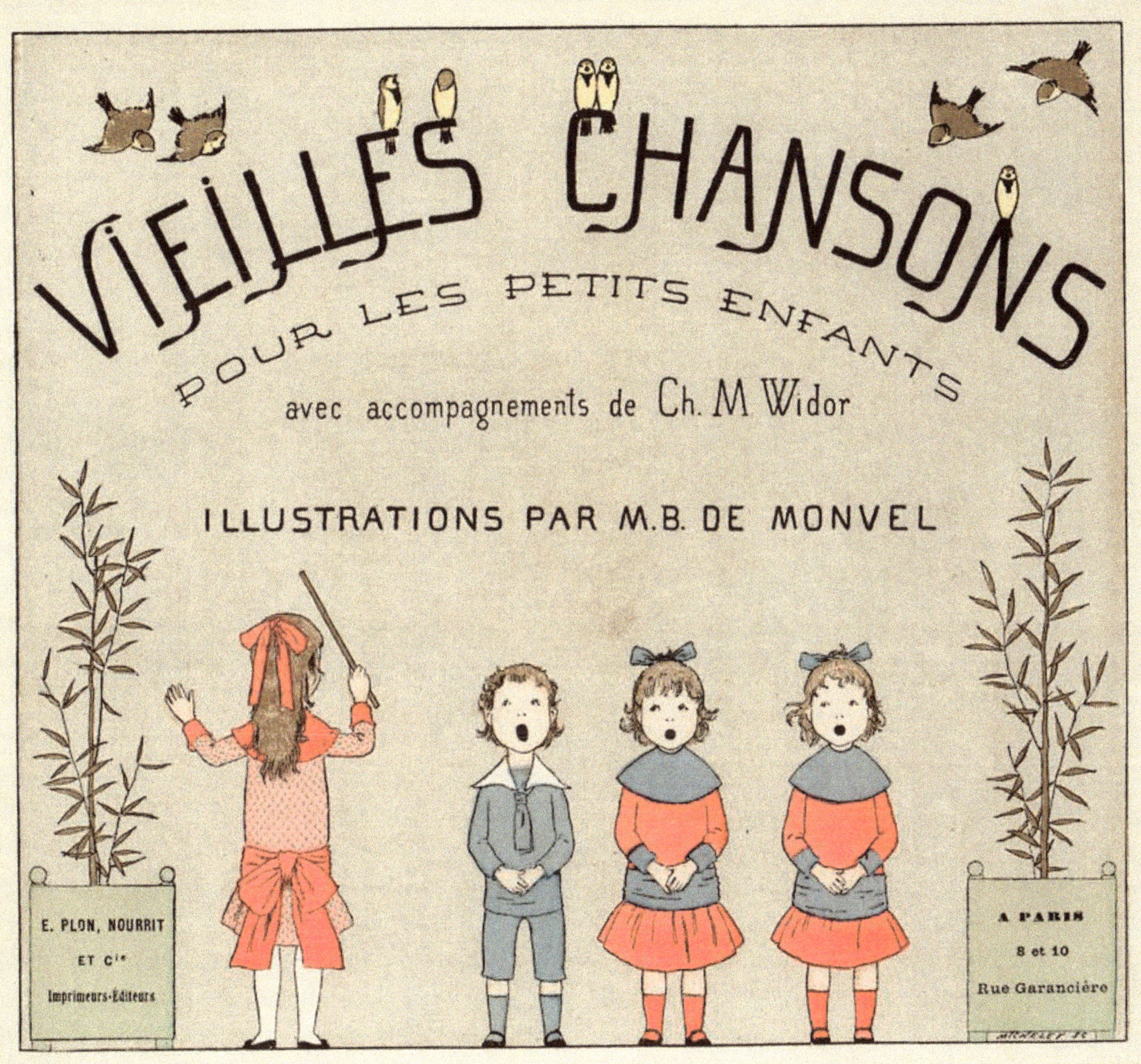
VIEILLES CHANSONS
POUR LES PETITS ENFANTS
avec accompagnements de Ch. M Widor
ILLUSTRATIONS PAR M.B. DE MONVEL
E. PLON, NOURRIT
ET Cie
Imprimeurs-Éditeurs
A PARIS
8 et 10
Rue Garancière

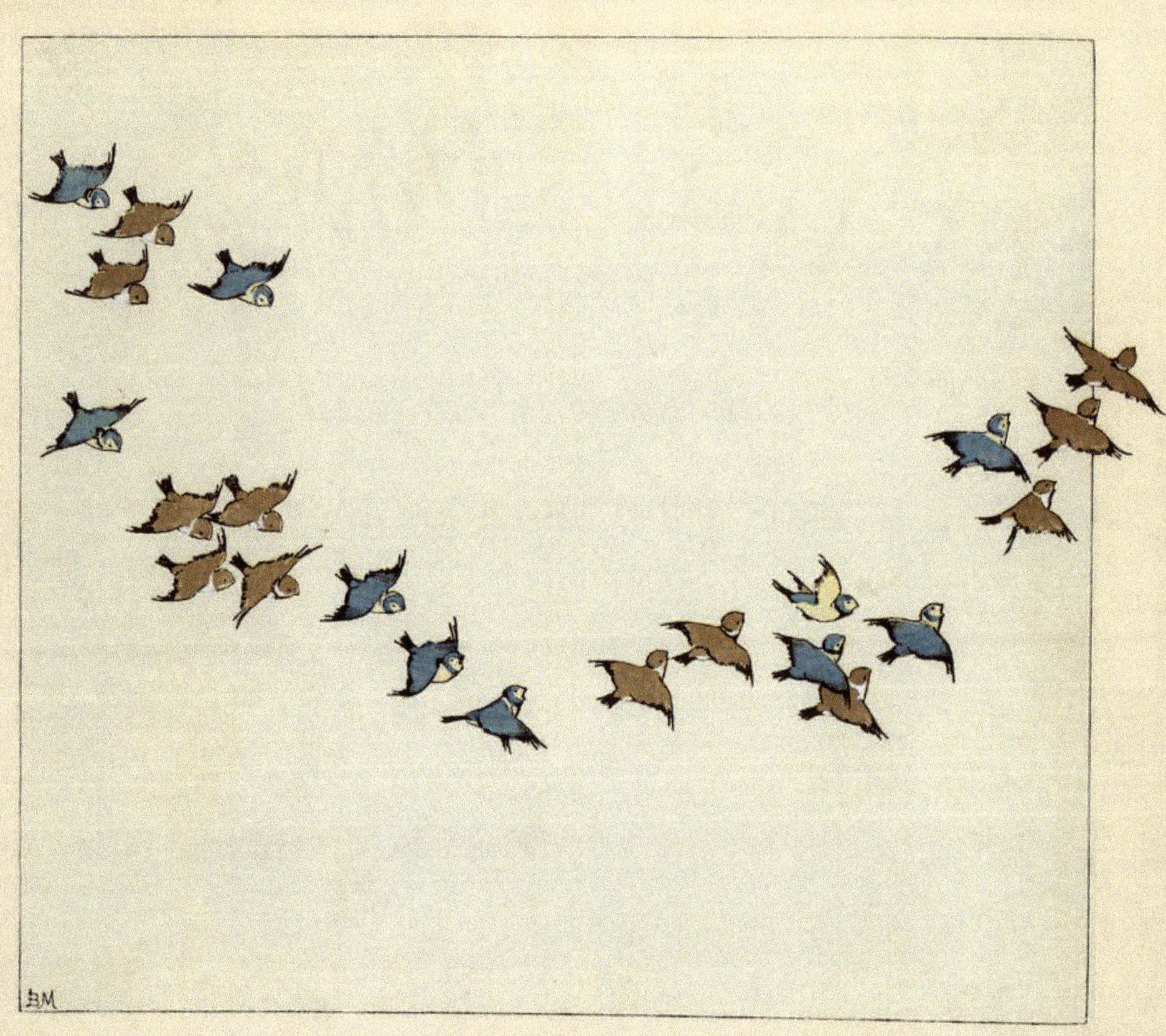

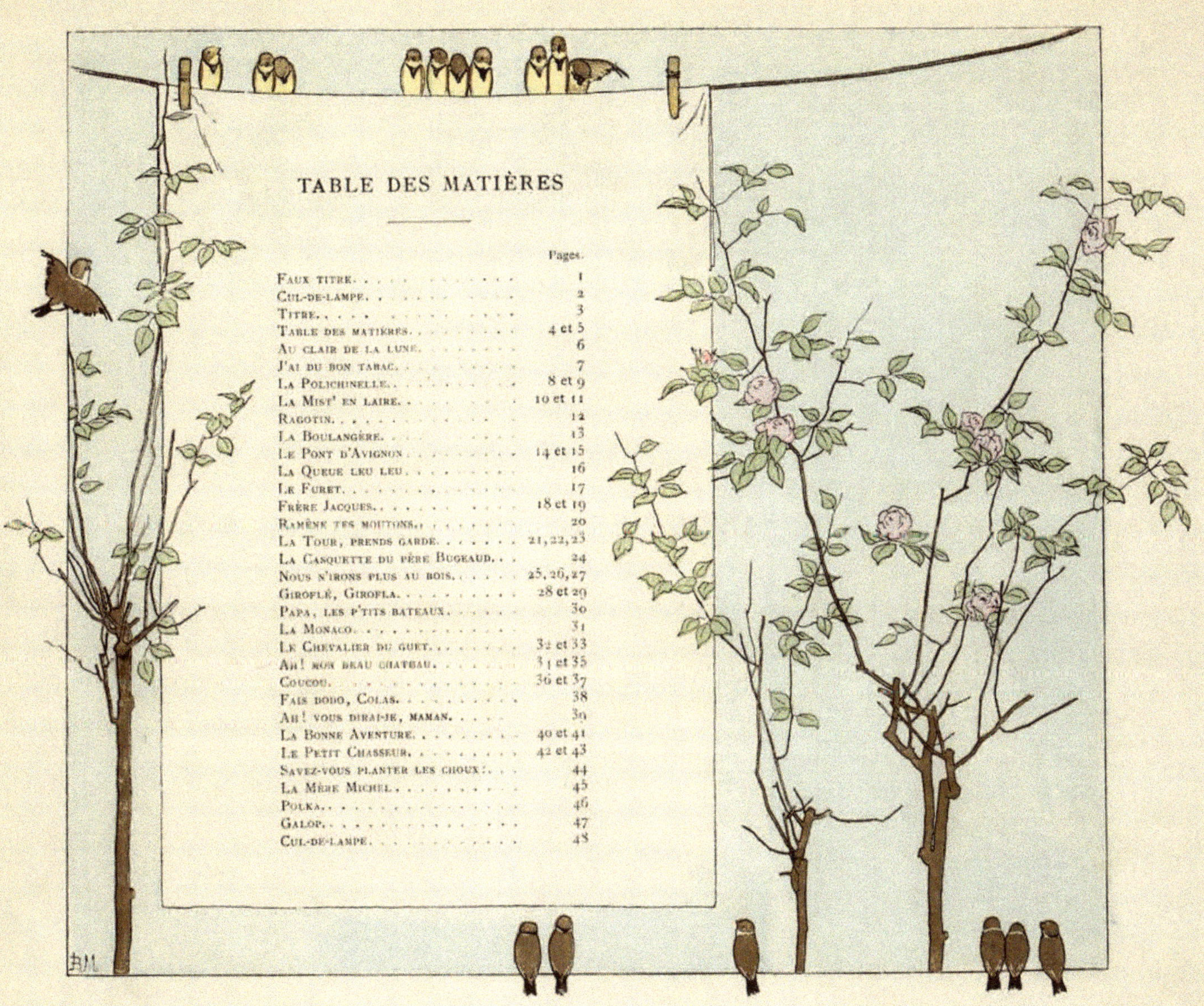

TABLE DES MATIÈRES

AU CLAIR DE LA LUNE.

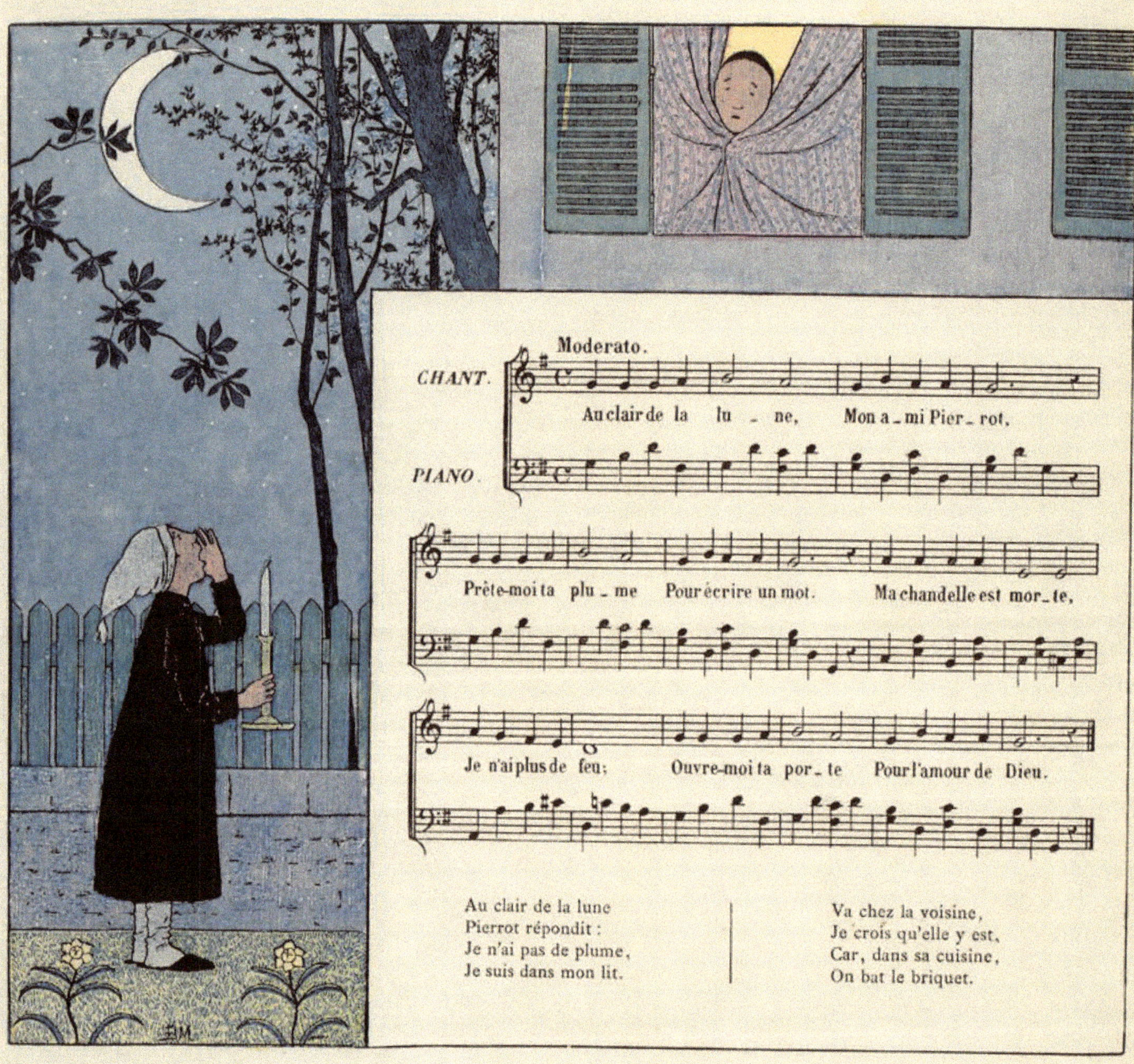

Au clair de la lune
Pierrot répondit :
Je n'ai pas de plume,
Je suis dans mon lit.

Va chez la voisine,
Je crois qu'elle y est,
Car, dans sa cuisine,
On bat le briquet.

J'AI DU BON TABAC.

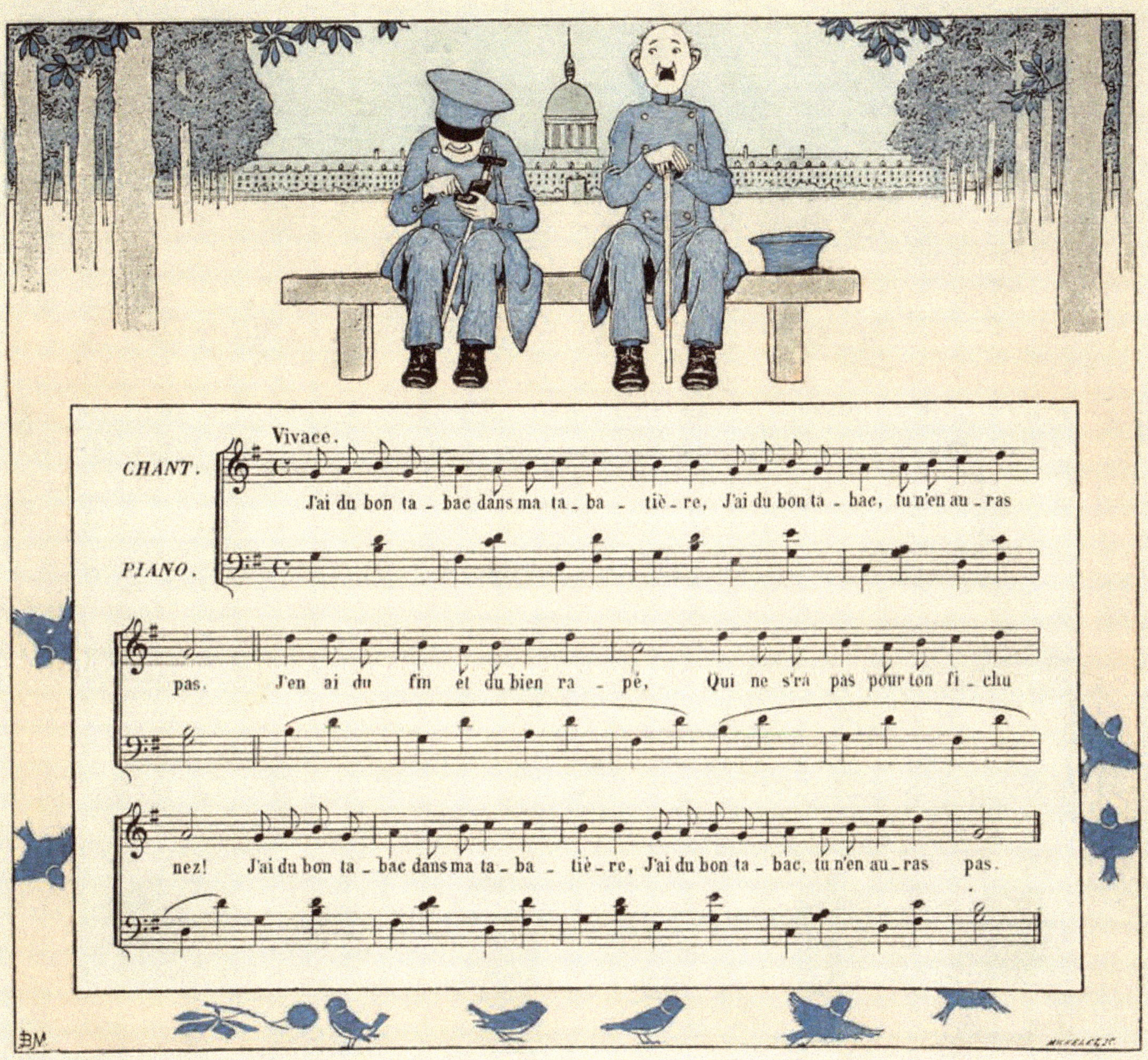

LA POLICHINELLE.

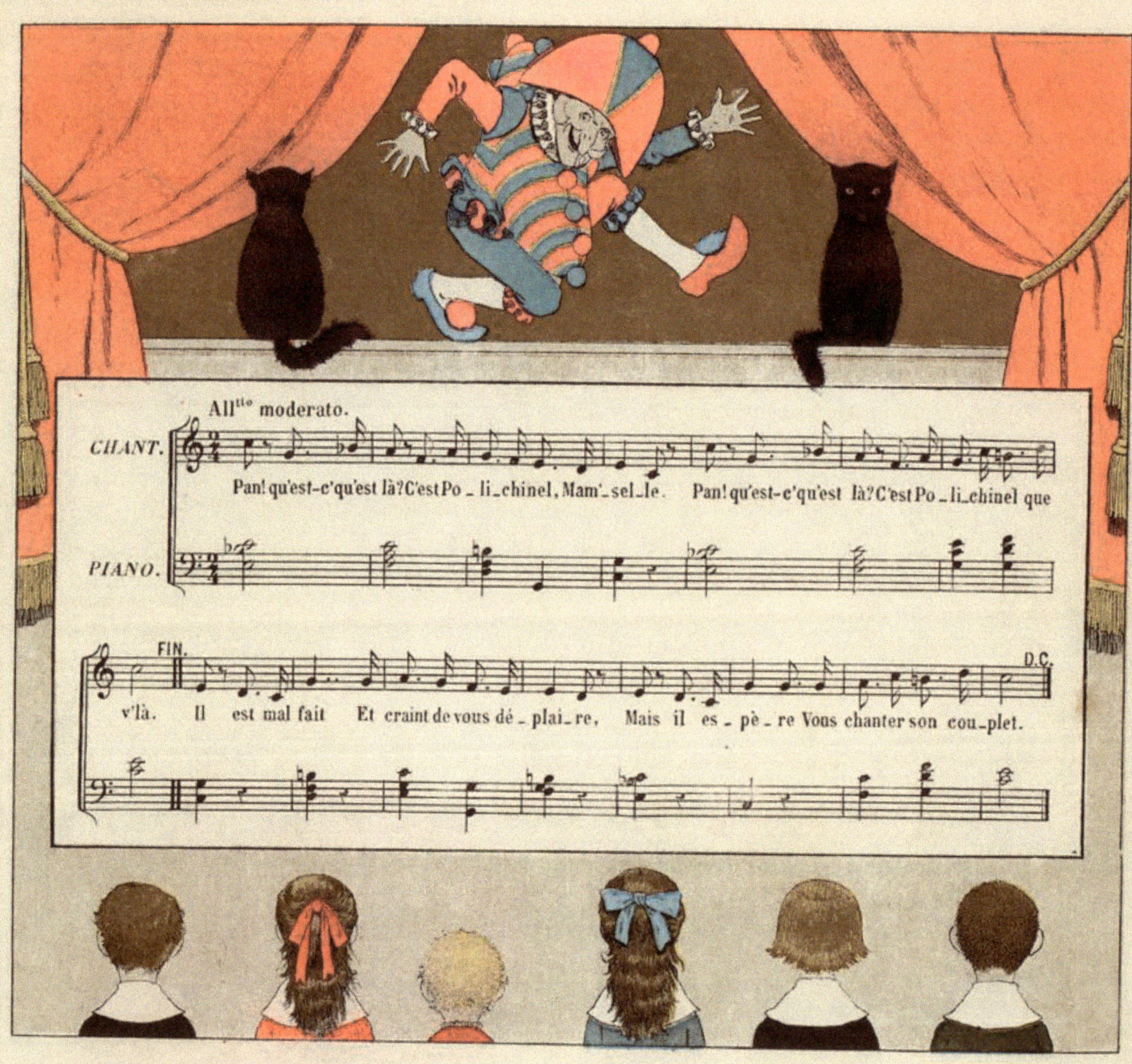

LA POLICHINELLE.

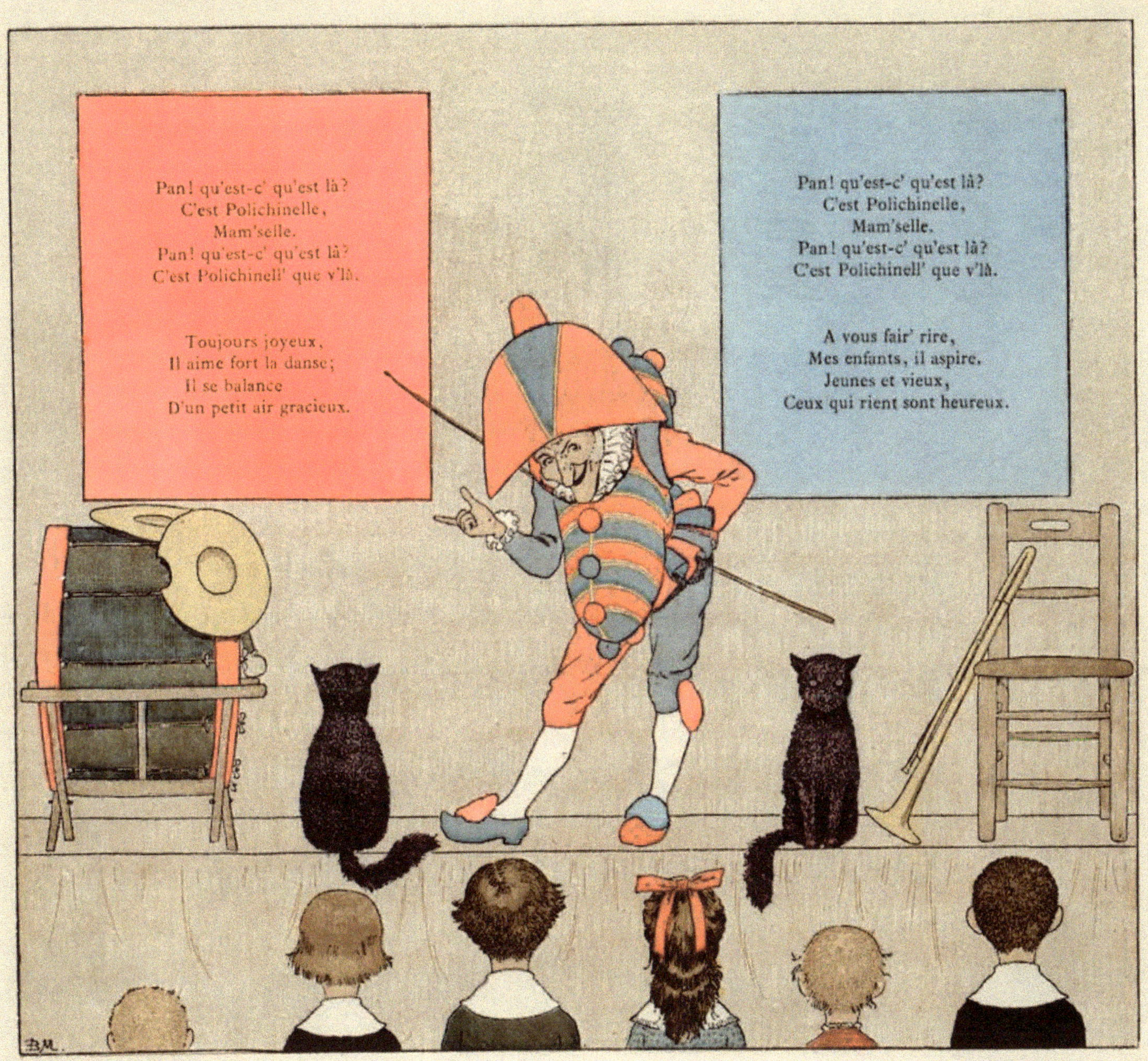

LA MIST' EN LAIRE.

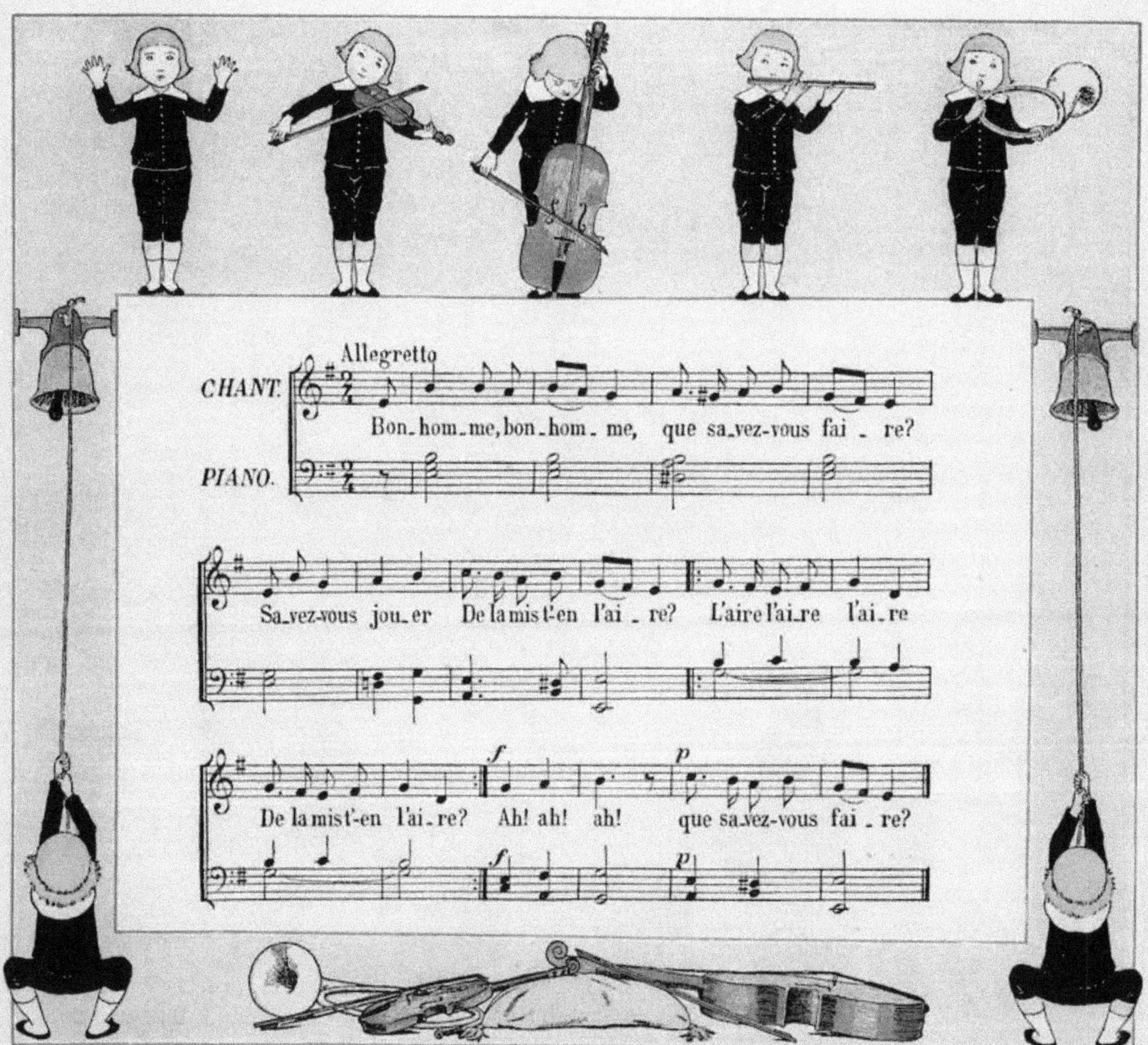

LA MIST' EN LAIRE.

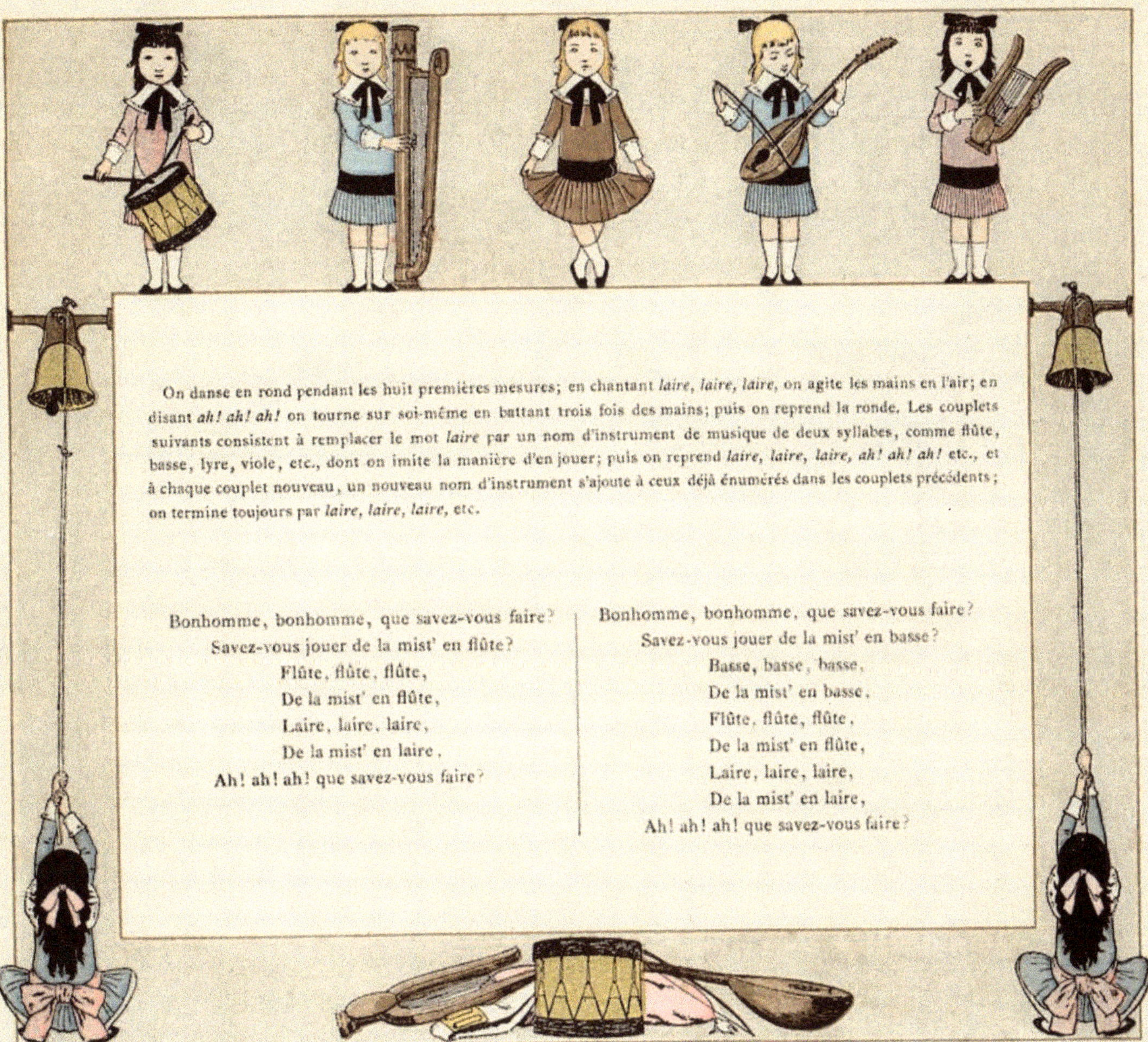

On danse en rond pendant les huit premières mesures; en chantant *laire, laire, laire*, on agite les mains en l'air; en disant ***ah! ah! ah!*** on tourne sur soi-même en battant trois fois des mains; puis on reprend la ronde. Les couplets suivants consistent à remplacer le mot *laire* par un nom d'instrument de musique de deux syllabes, comme flûte, basse, lyre, viole, etc., dont on imite la manière d'en jouer; puis on reprend *laire, laire, laire, ah! ah! ah!* etc., et à chaque couplet nouveau, un nouveau nom d'instrument s'ajoute à ceux déjà énumérés dans les couplets précédents; on termine toujours par *laire, laire, laire*, etc.

Bonhomme, bonhomme, que savez-vous faire?
Savez-vous jouer de la mist' en flûte?
Flûte, flûte, flûte,
De la mist' en flûte,
Laire, laire, laire,
De la mist' en laire,
Ah! ah! ah! que savez-vous faire?

Bonhomme, bonhomme, que savez-vous faire?
Savez-vous jouer de la mist' en basse?
Basse, basse, basse,
De la mist' en basse,
Flûte, flûte, flûte,
De la mist' en flûte,
Laire, laire, laire,
De la mist' en laire,
Ah! ah! ah! que savez-vous faire?

RAGOTIN.

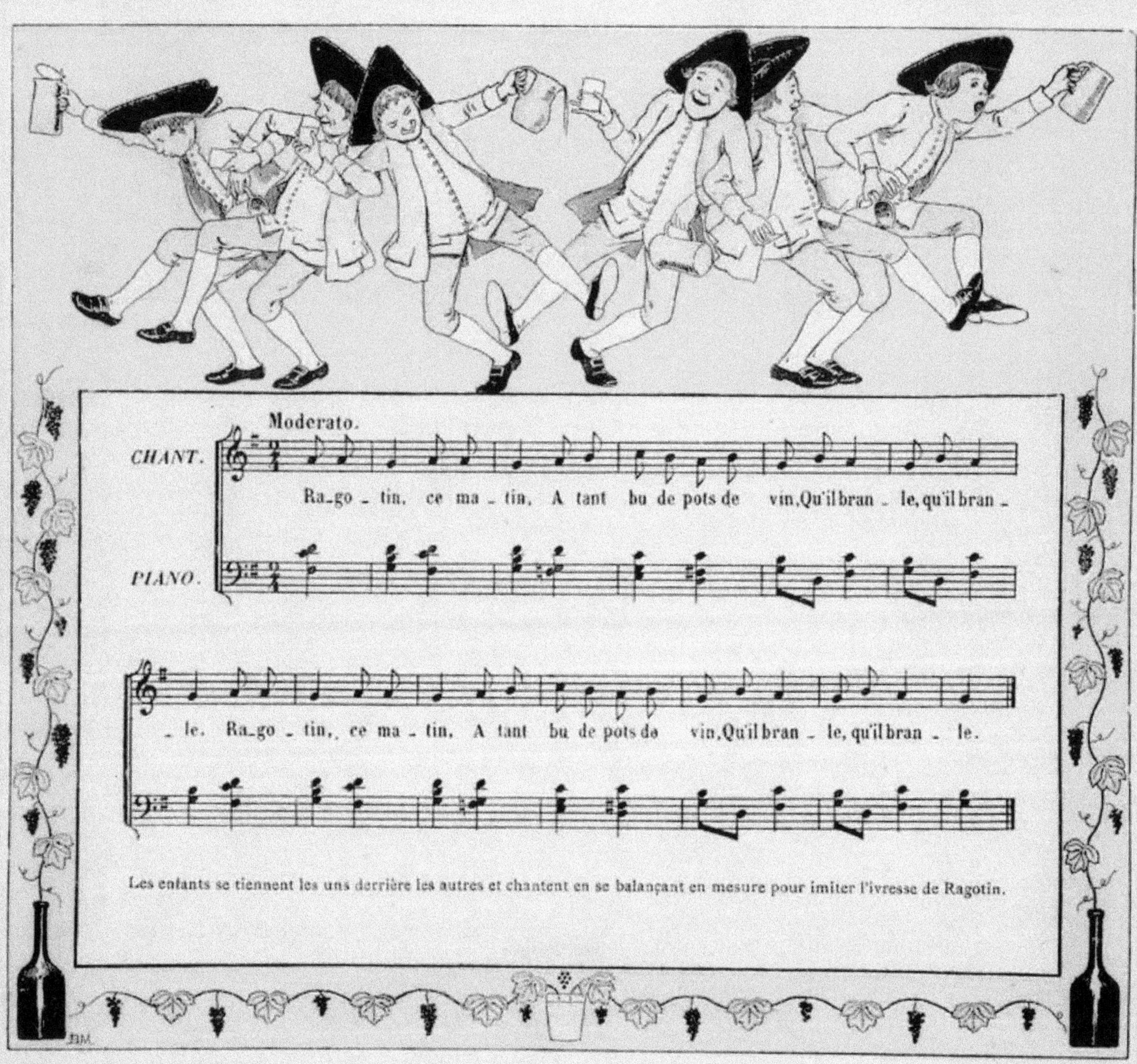
Moderato.
CHANT.
Ra_go - tin, ce ma - tin, A tant bu de pots de vin, Qu'il bran - le, qu'il bran -
PIANO.
- le. Ra_go - tin, ce ma - tin, A tant bu de pots de vin, Qu'il bran - le, qu'il bran - le.
Les enfants se tiennent les uns derrière les autres et chantent en se balançant en mesure pour imiter l'ivresse de Ragotin.
BM.

LA BOULANGÈRE.

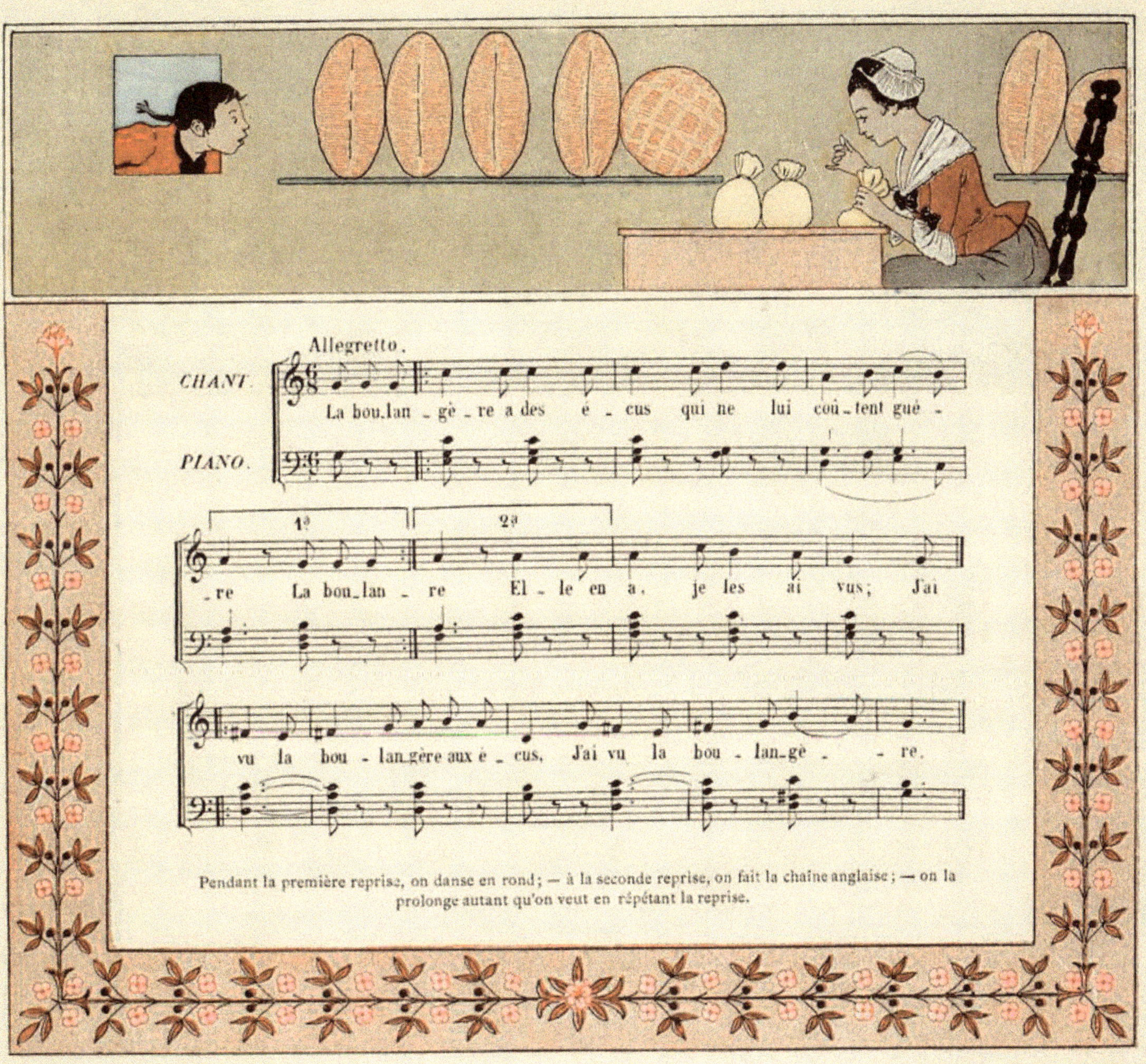

Pendant la première reprise, on danse en rond; — à la seconde reprise, on fait la chaîne anglaise; — on la prolonge autant qu'on veut en répétant la reprise.

LE PONT D'AVIGNON.

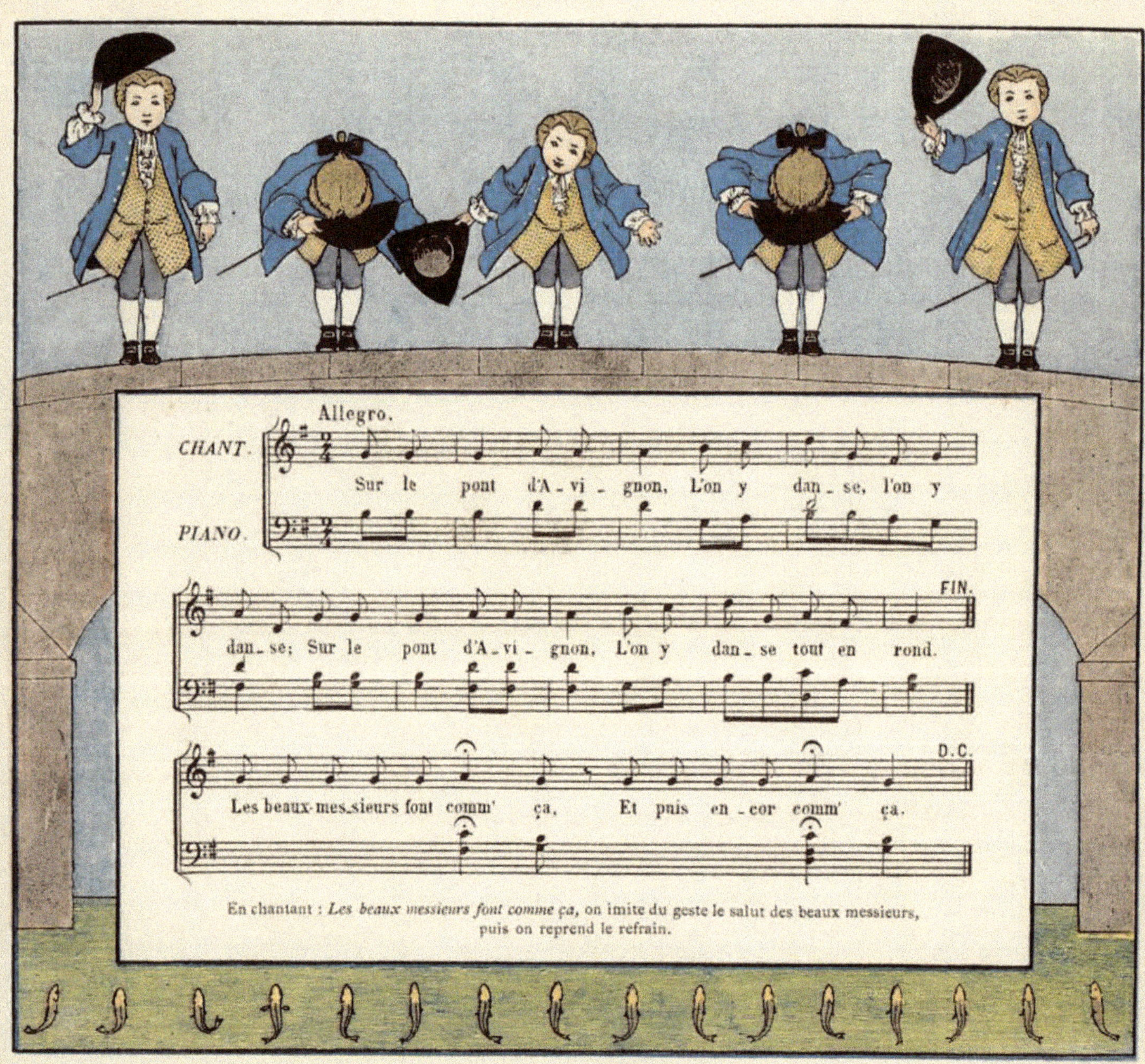

LE PONT D'AVIGNON.

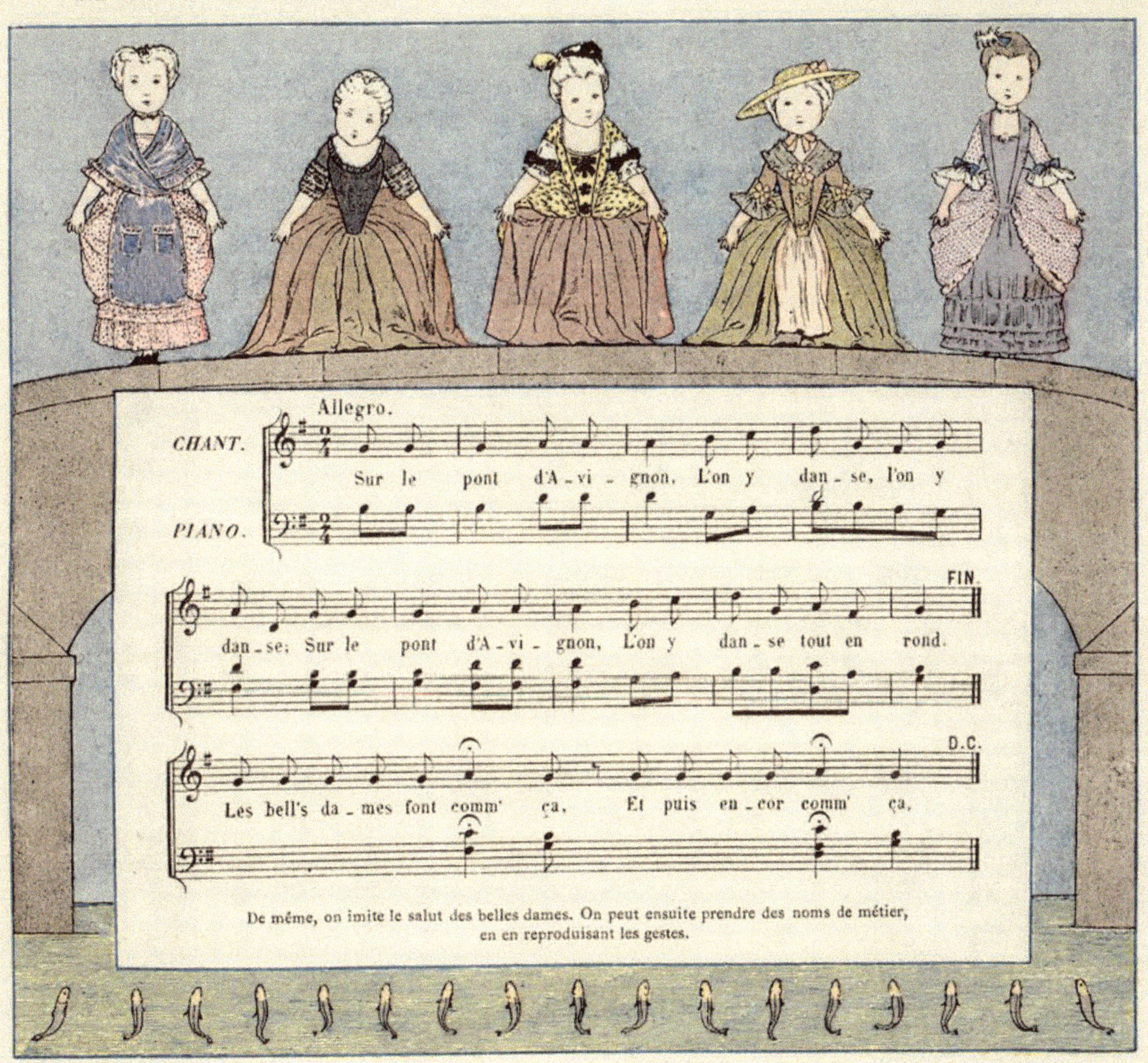

LA QUEUE LEU LEU.

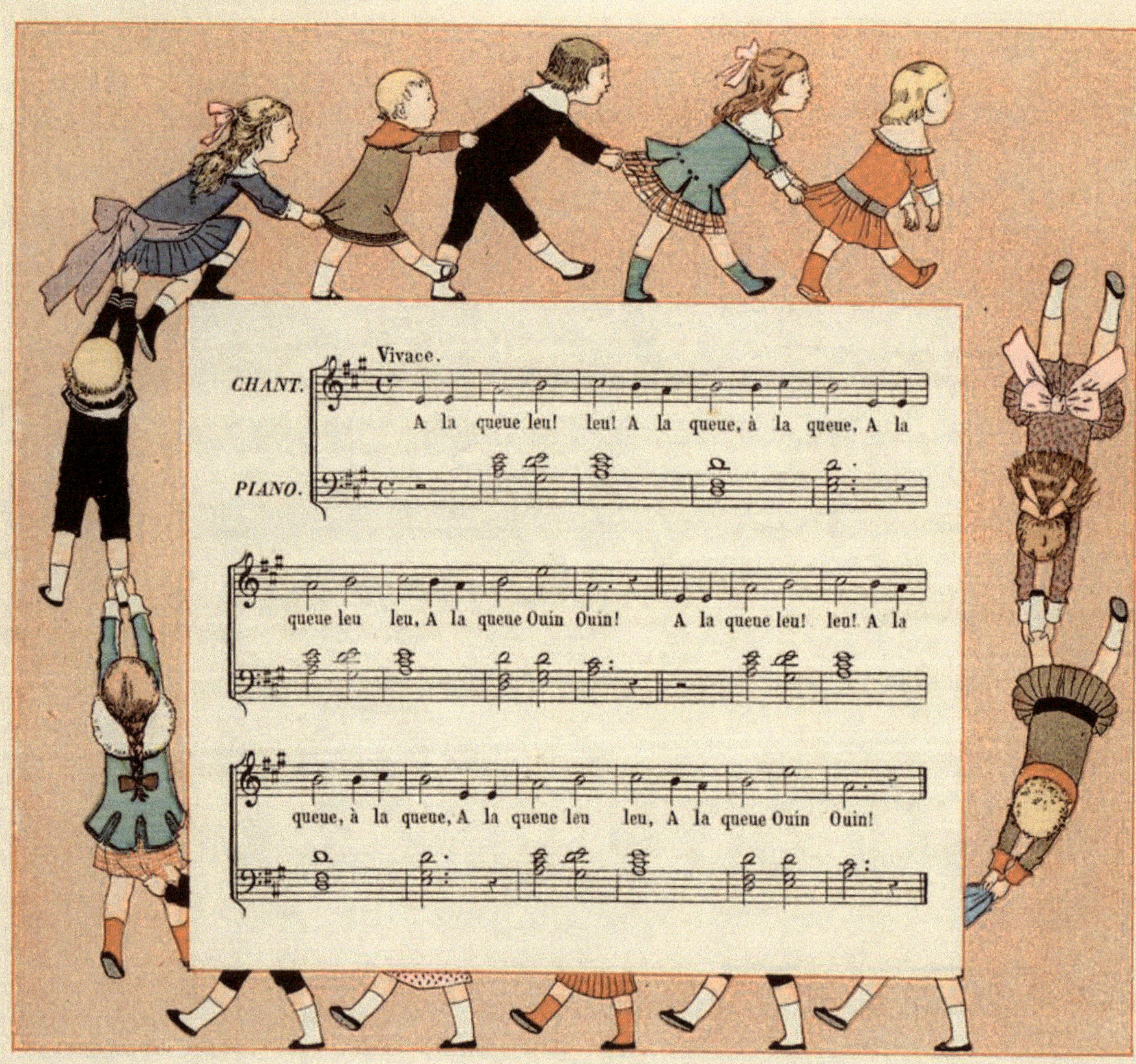

LE FURET DU BOIS JOLI.

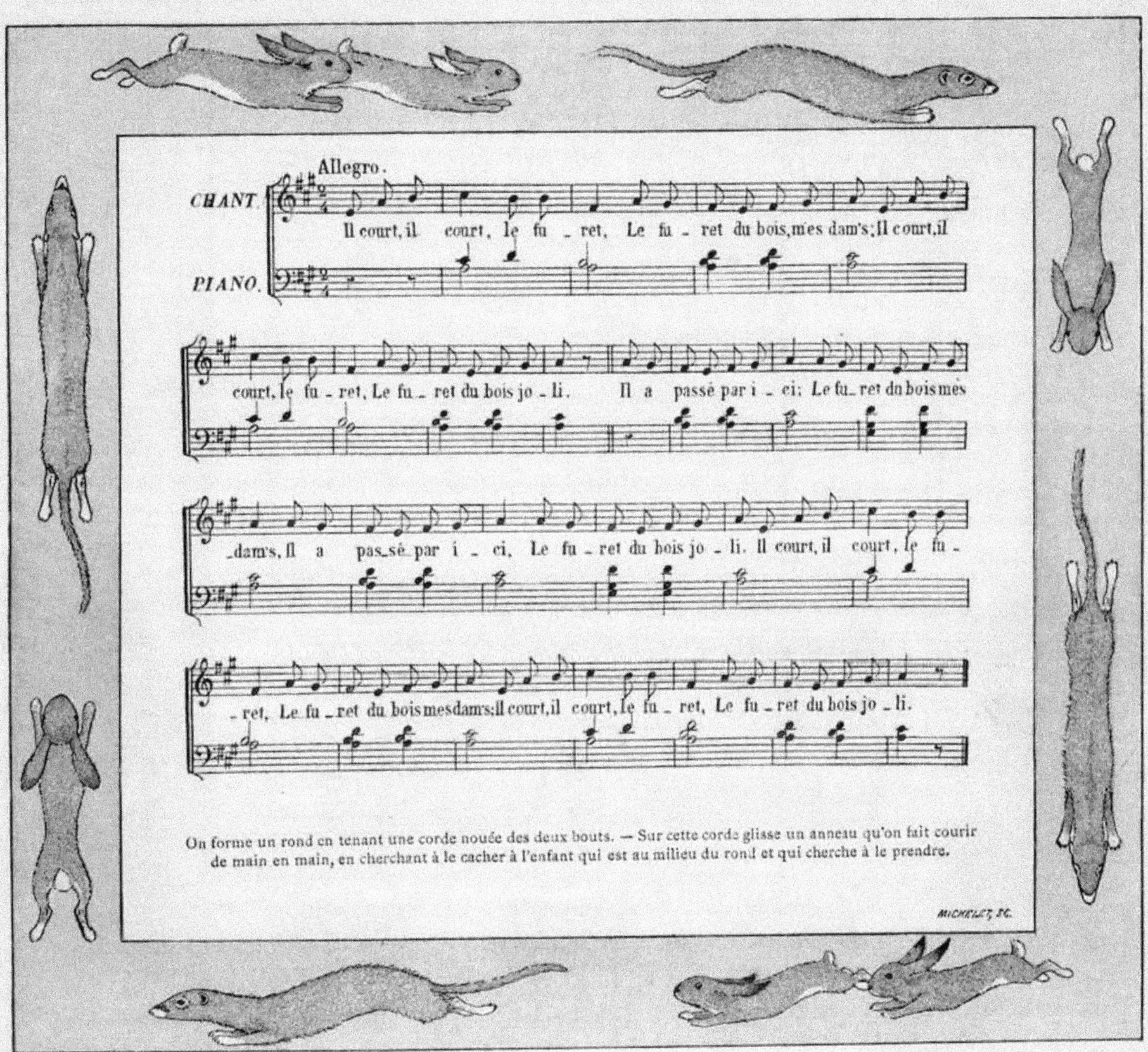

FRÈRE JACQUES.

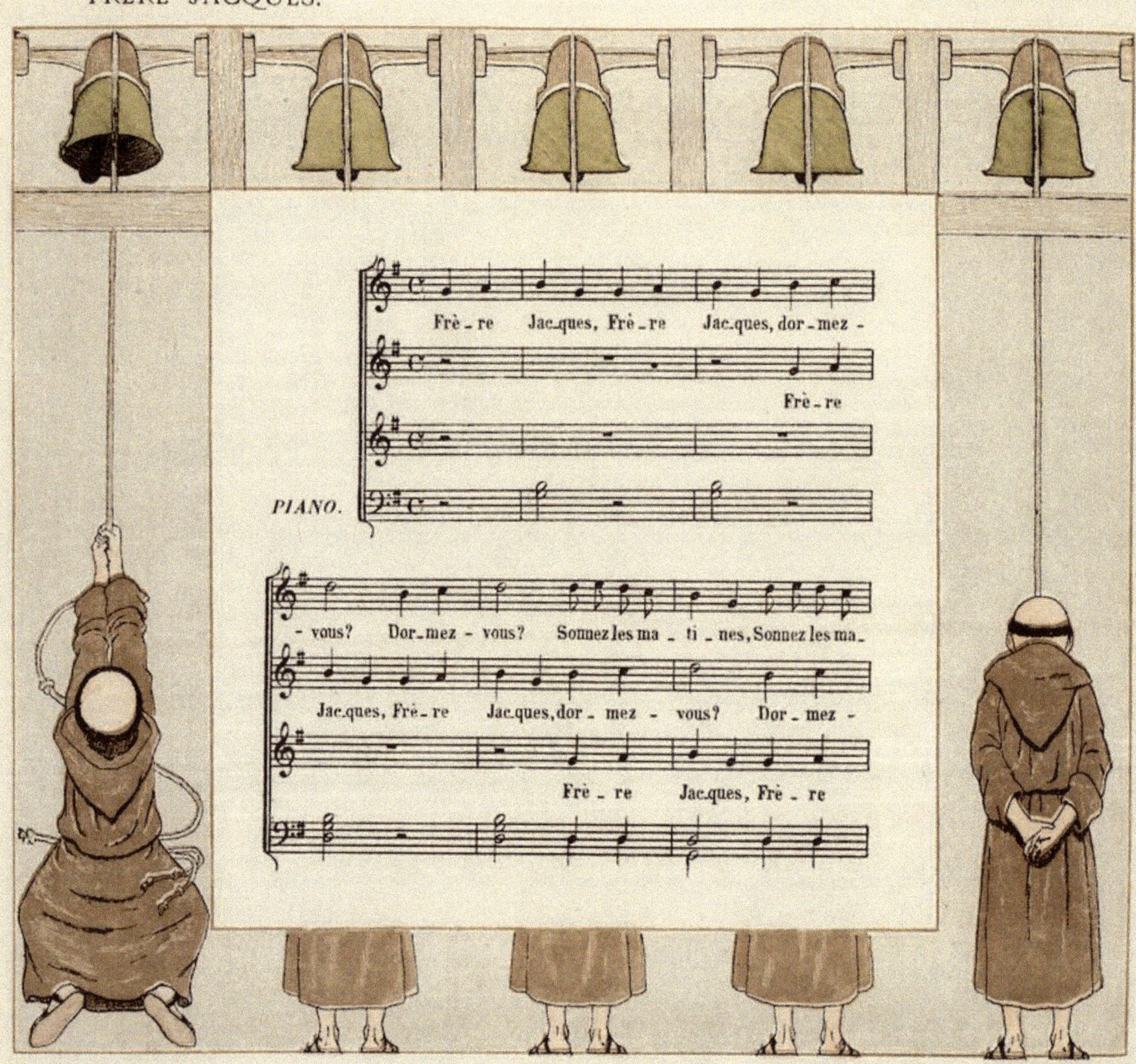

FRÈRE JACQUES.

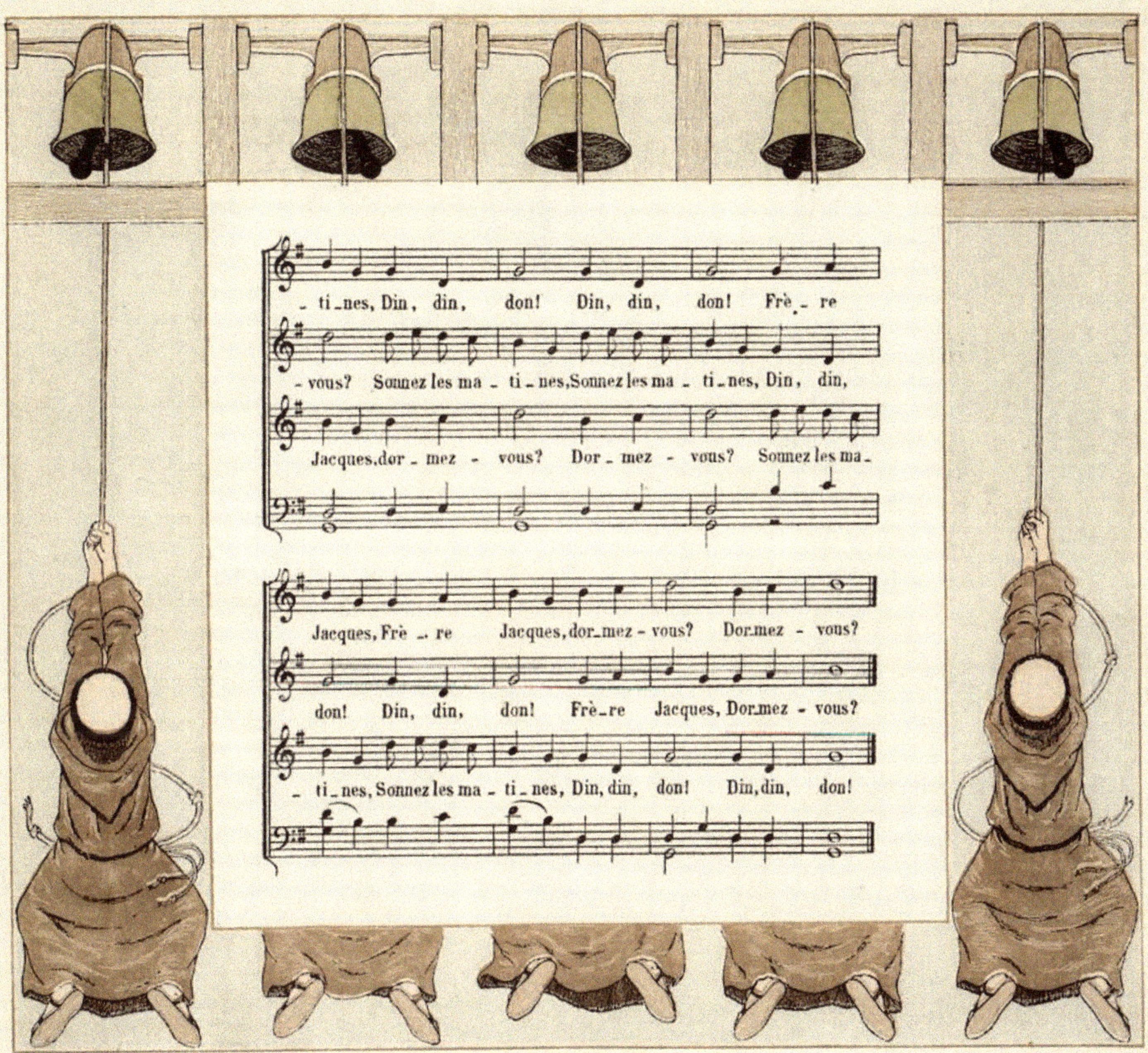

RAMÈNE TES MOUTONS.

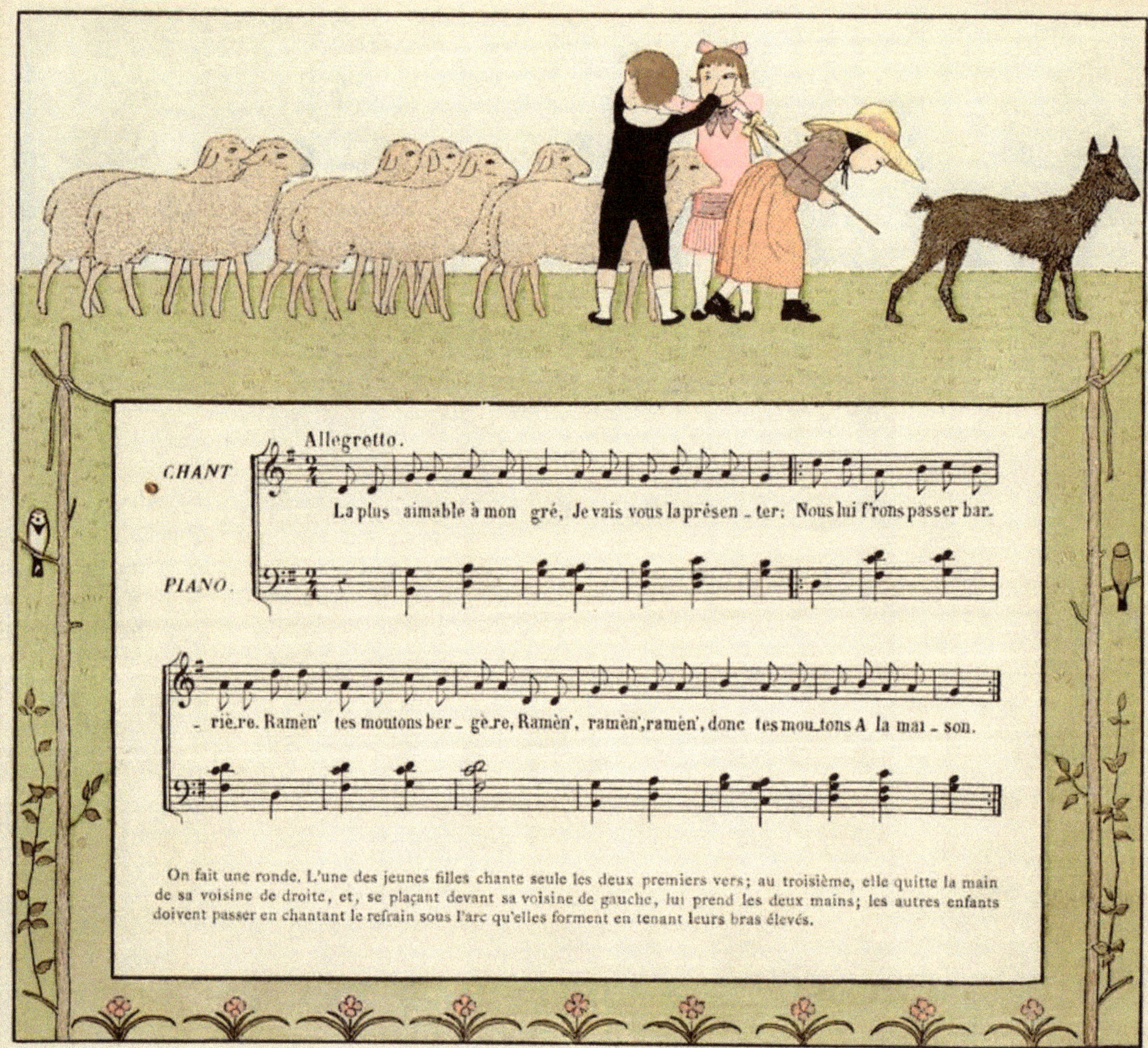

On fait une ronde. L'une des jeunes filles chante seule les deux premiers vers; au troisième, elle quitte la main de sa voisine de droite, et, se plaçant devant sa voisine de gauche, lui prend les deux mains; les autres enfants doivent passer en chantant le refrain sous l'arc qu'elles forment en tenant leurs bras élevés.

LA TOUR, PRENDS GARDE.

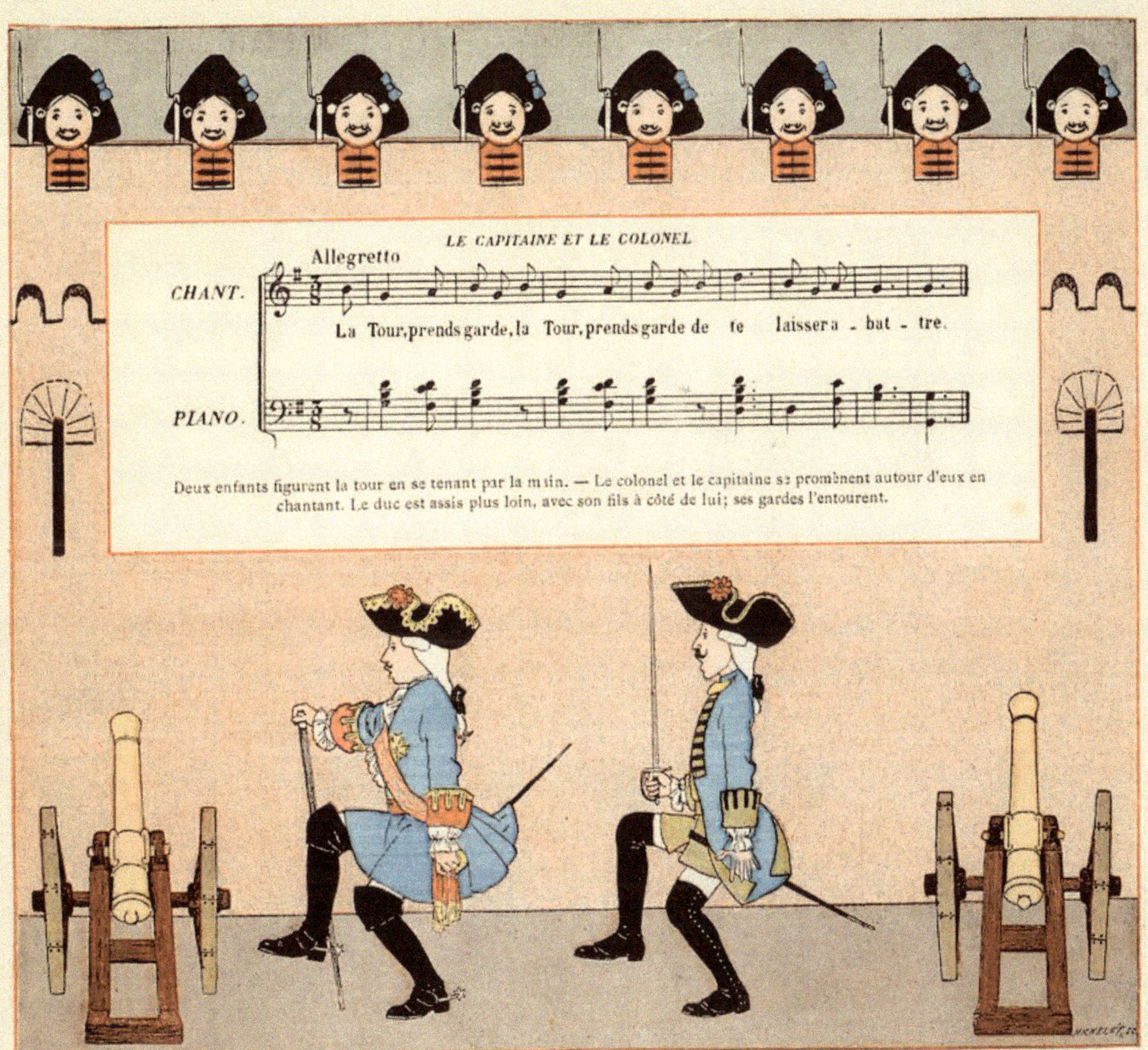

LA TOUR, PRENDS GARDE.

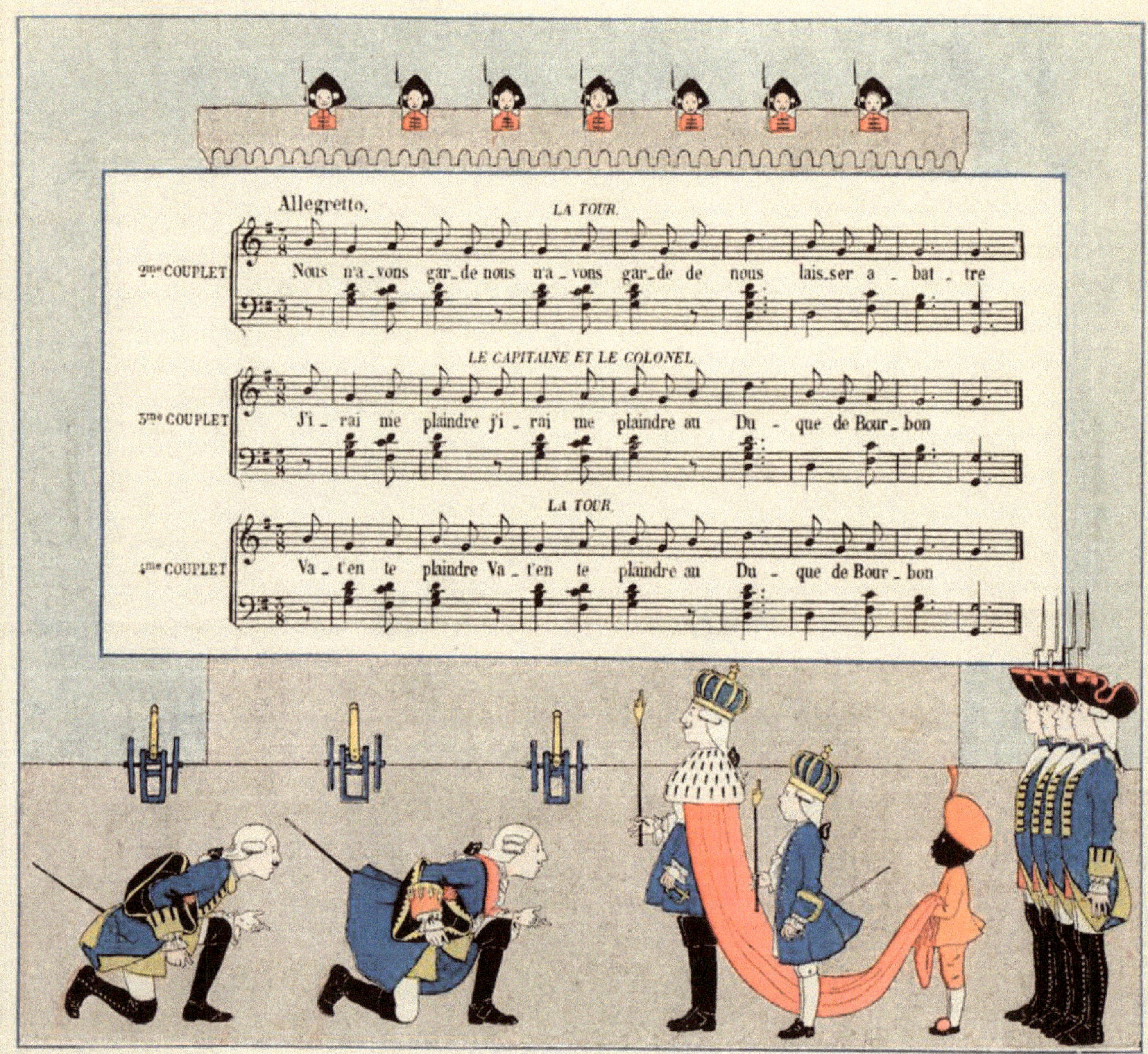

LA TOUR, PRENDS GARDE.

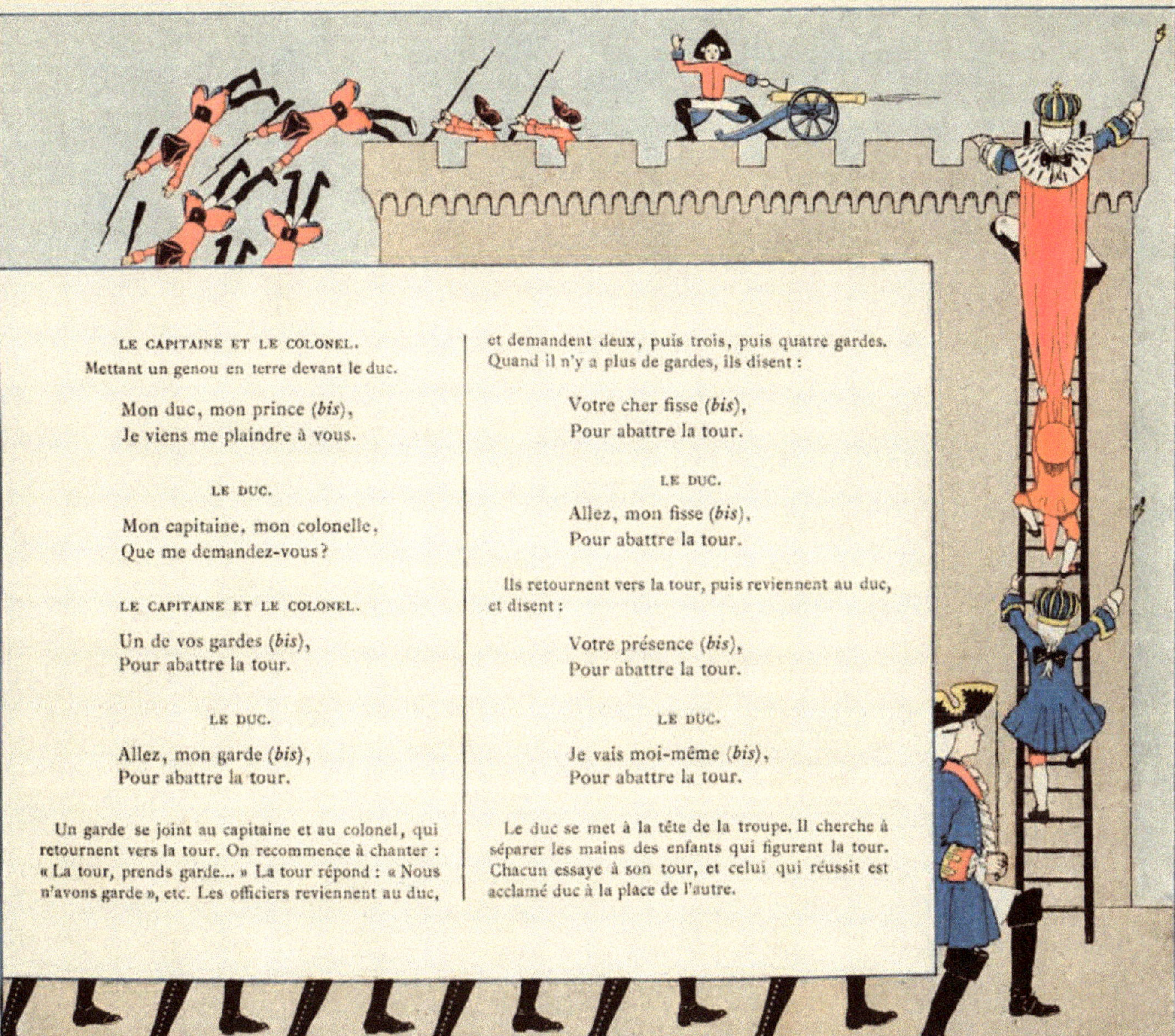

LE CAPITAINE ET LE COLONEL.

Mettant un genou en terre devant le duc.

Mon duc, mon prince (*bis*),
Je viens me plaindre à vous.

LE DUC.

Mon capitaine, mon colonelle,
Que me demandez-vous?

LE CAPITAINE ET LE COLONEL.

Un de vos gardes (*bis*),
Pour abattre la tour.

LE DUC.

Allez, mon garde (*bis*),
Pour abattre la tour.

Un garde se joint au capitaine et au colonel, qui retournent vers la tour. On recommence à chanter : « La tour, prends garde... » La tour répond : « Nous n'avons garde », etc. Les officiers reviennent au duc, et demandent deux, puis trois, puis quatre gardes. Quand il n'y a plus de gardes, ils disent :

Votre cher fisse (*bis*),
Pour abattre la tour.

LE DUC.

Allez, mon fisse (*bis*),
Pour abattre la tour.

Ils retournent vers la tour, puis reviennent au duc, et disent :

Votre présence (*bis*),
Pour abattre la tour.

LE DUC.

Je vais moi-même (*bis*),
Pour abattre la tour.

Le duc se met à la tête de la troupe. Il cherche à séparer les mains des enfants qui figurent la tour. Chacun essaye à son tour, et celui qui réussit est acclamé duc à la place de l'autre.

AS-TU VU LA CASQUETTE ?

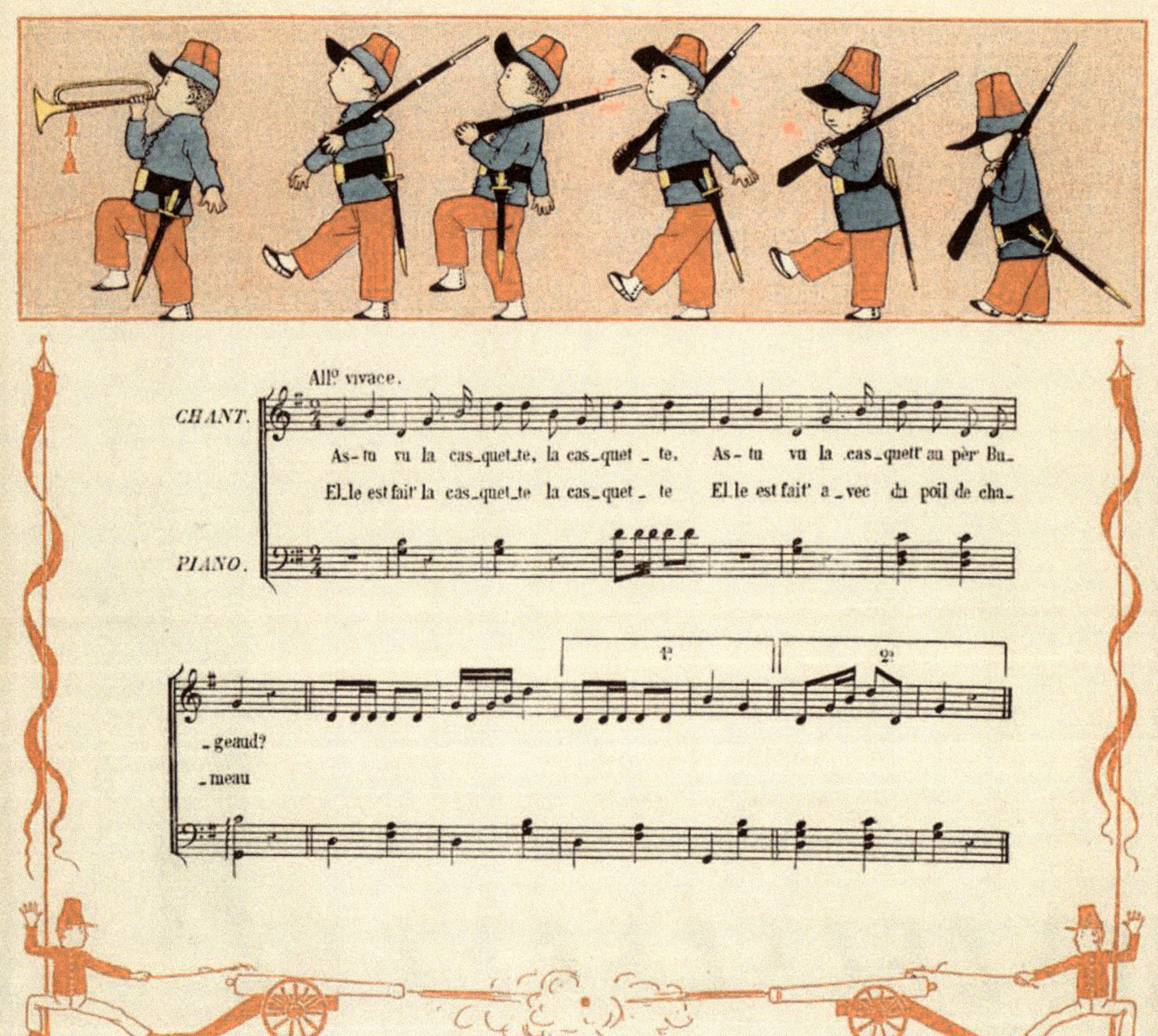

NOUS N'IRONS PLUS AU BOIS.

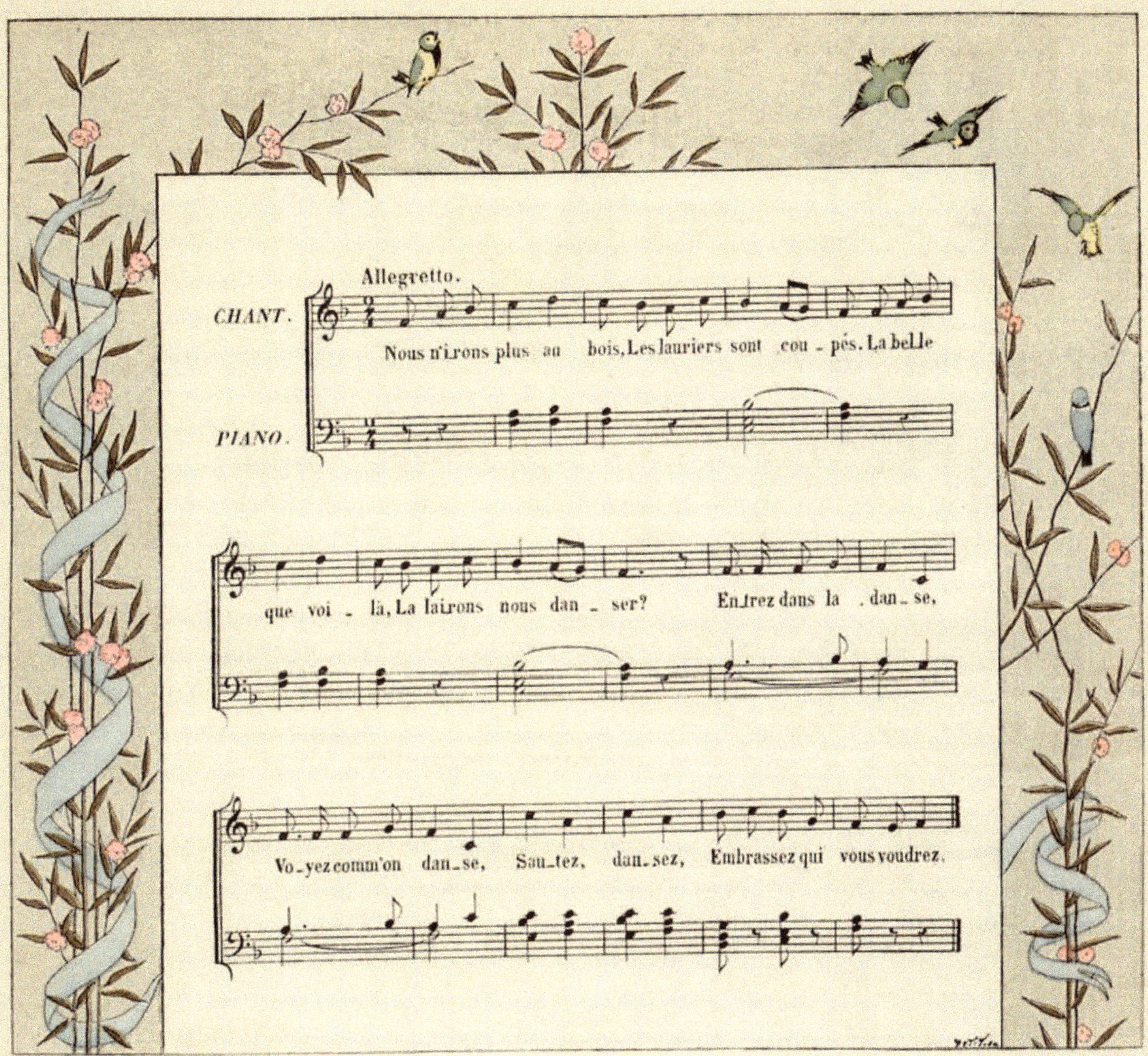

NOUS N'IRONS PLUS AU BOIS.

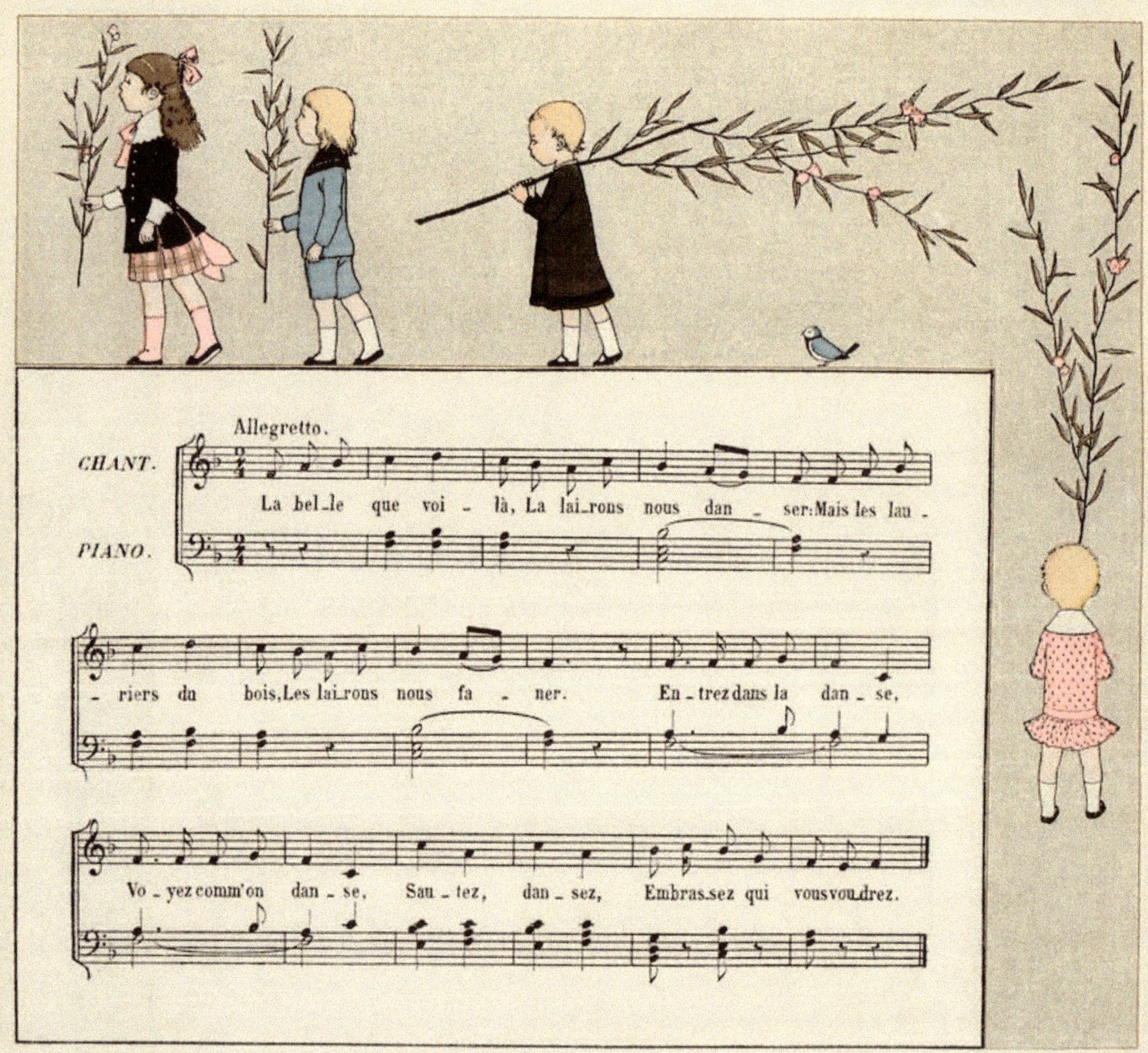

NOUS N'IRONS PLUS AU BOIS.

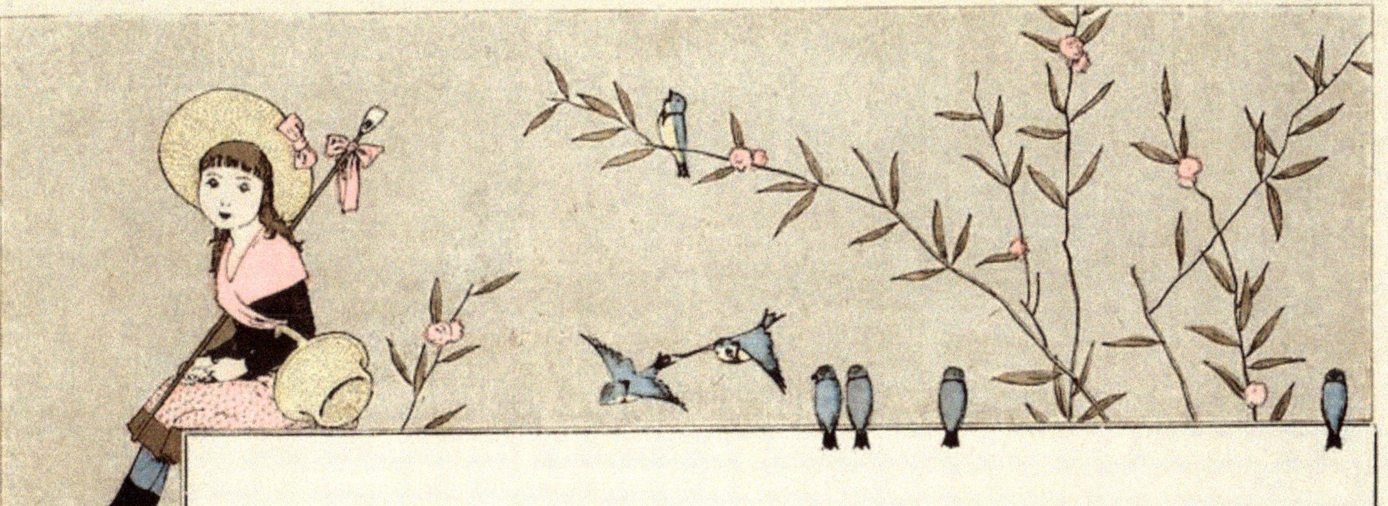

Mais les lauriers du bois, les lairons-nous faner?
Non, chacune, à son tour, ira les ramasser.
Entrez dans la danse, etc.

Non, chacune, à son tour, ira les ramasser.
Si la cigale y dort, ne faut pas la blesser.
Entrez dans la danse, etc.

Si la cigale y dort, ne faut pas la blesser.
Le chant du rossignol la viendra réveiller.
Entrez dans la danse, etc.

Le chant du rossignol la viendra réveiller,
Et aussi la fauvette, avec son doux gosier.
Entrez dans la danse, etc.

Et aussi la fauvette, avec son doux gosier,
Et Jeanne, la bergère, avec son blanc panier.
Entrez dans la danse, etc.

Et Jeanne, la bergère, avec son blanc panier,
Allant cueillir la fraise et la fleur d'églantier.
Entrez dans la danse, etc.

Allant cueillir la fraise et la fleur d'églantier.
Cigale, ma cigale, allons, il faut chanter!
Entrez dans la danse, etc.

Cigale, ma cigale, allons, il faut chanter,
Car les lauriers du bois sont déjà repoussés.
Entrez dans la danse, etc.

A chaque couplet, on fait entrer dans la ronde un enfant. Au couplet suivant, un autre enfant vient le remplacer, et ainsi jusqu'à ce que tous les enfants soient entrés dans la ronde l'un après l'autre.

GIROFLÉ, GIROFLA.

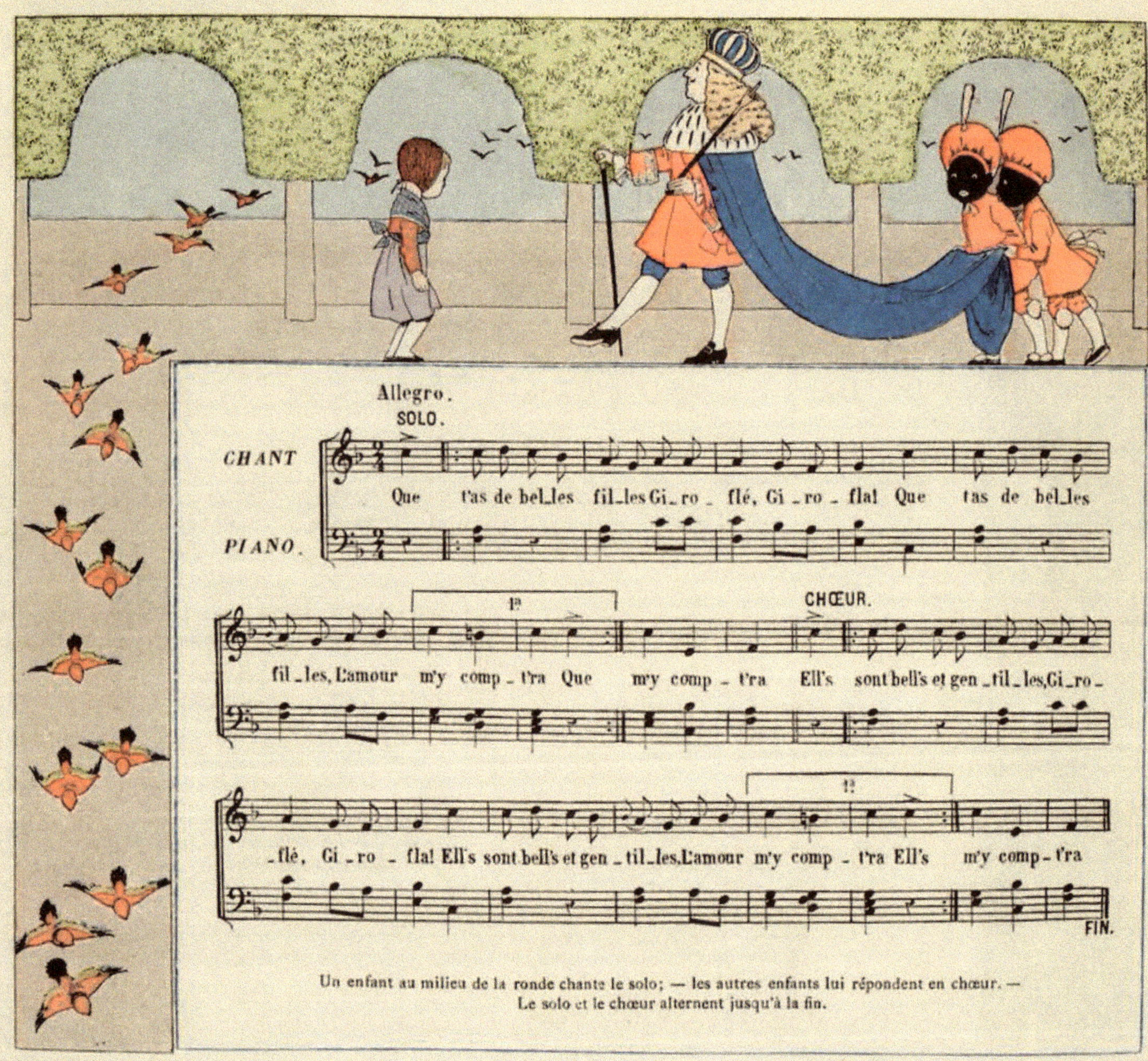

Un enfant au milieu de la ronde chante le solo; — les autres enfants lui répondent en chœur. — Le solo et le chœur alternent jusqu'à la fin.

GIROFLÉ, GIROFLA.

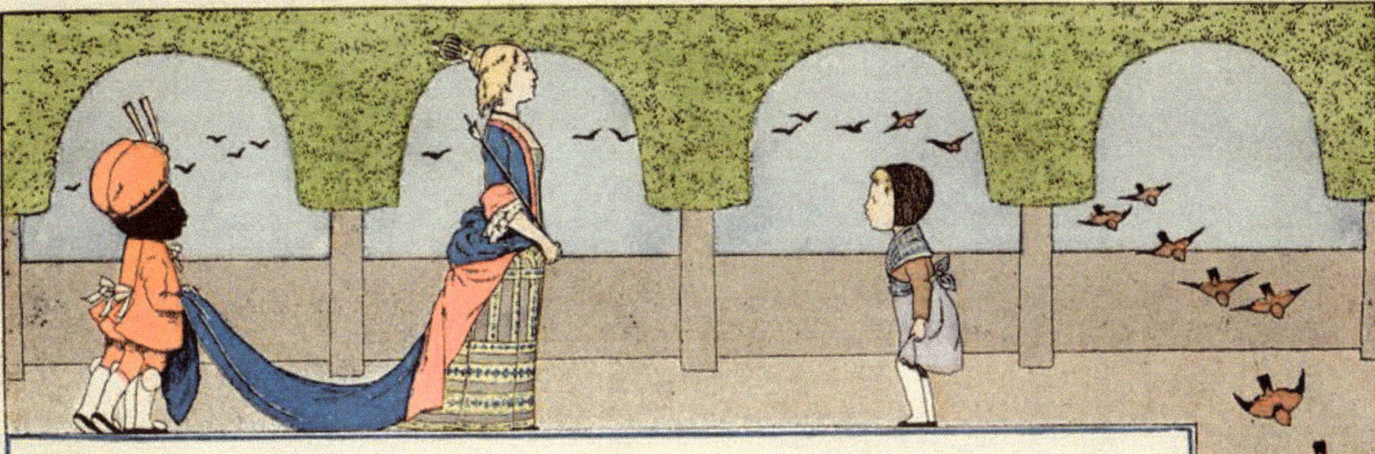

SOLO.

Donne-moi-z'en donc une,
Giroflé, girofla :
Donne-moi-z'en donc une,
L'amour m'y compt'ra.

LE CHŒUR.

Pas seul'ment la queue d'une,
Giroflé, girofla :
Pas seul'ment la queue d'une,
L'amour m'y compt'ra.

SOLO.

J'irai au bois seulette,
Giroflé, girofla :
J'irai au bois seulette,
L'amour m'y compt'ra.

LE CHŒUR.

Quoi faire au bois seulette?
Giroflé, girofla :
Quoi faire au bois seulette?
L'amour m'y compt'ra.

SOLO.

Cueillir la violette,
Giroflé, girofla :
Cueillir la violette,
L'amour m'y compt'ra.

LE CHŒUR.

Quoi fair' de la violette?
Giroflé, girofla :
Quoi fair' de la violette?
L'amour m'y compt'ra.

SOLO.

Pour mettre à ma coll'rette,
Giroflé, girofla :
Pour mettre à ma coll'rette,
L'amour m'y compt'ra.

LE CHŒUR.

Si le roi t'y rencontre?
Giroflé, girofla :
Si le roi t'y rencontre?
L'amour m'y compt'ra

SOLO.

J' lui f'rai trois révérences,
Giroflé, girofla :
J' lui f'rai trois révérences,
L'amour m'y compt'ra.

LE CHŒUR.

Si la rein' t'y rencontre?
Giroflé, girofla :
Si la rein' t'y rencontre?
L'amour m'y compt'ra.

SOLO.

J' lui f'rai trois révérences,
Giroflé, girofla :
J' lui f'rai trois révérences,
L'amour m'y compt'ra.

LE CHŒUR.

Si le diabl' t'y rencontre?
Giroflé, girofla :
Si le diabl' t'y rencontre?
L'amour m'y compt'ra.

SOLO.

Je lui ferai les cornes,
Giroflé, girofla :
Je lui ferai les cornes,
L'amour m'y compt'ra.

PAPA, LES P'TITS BATEAUX.

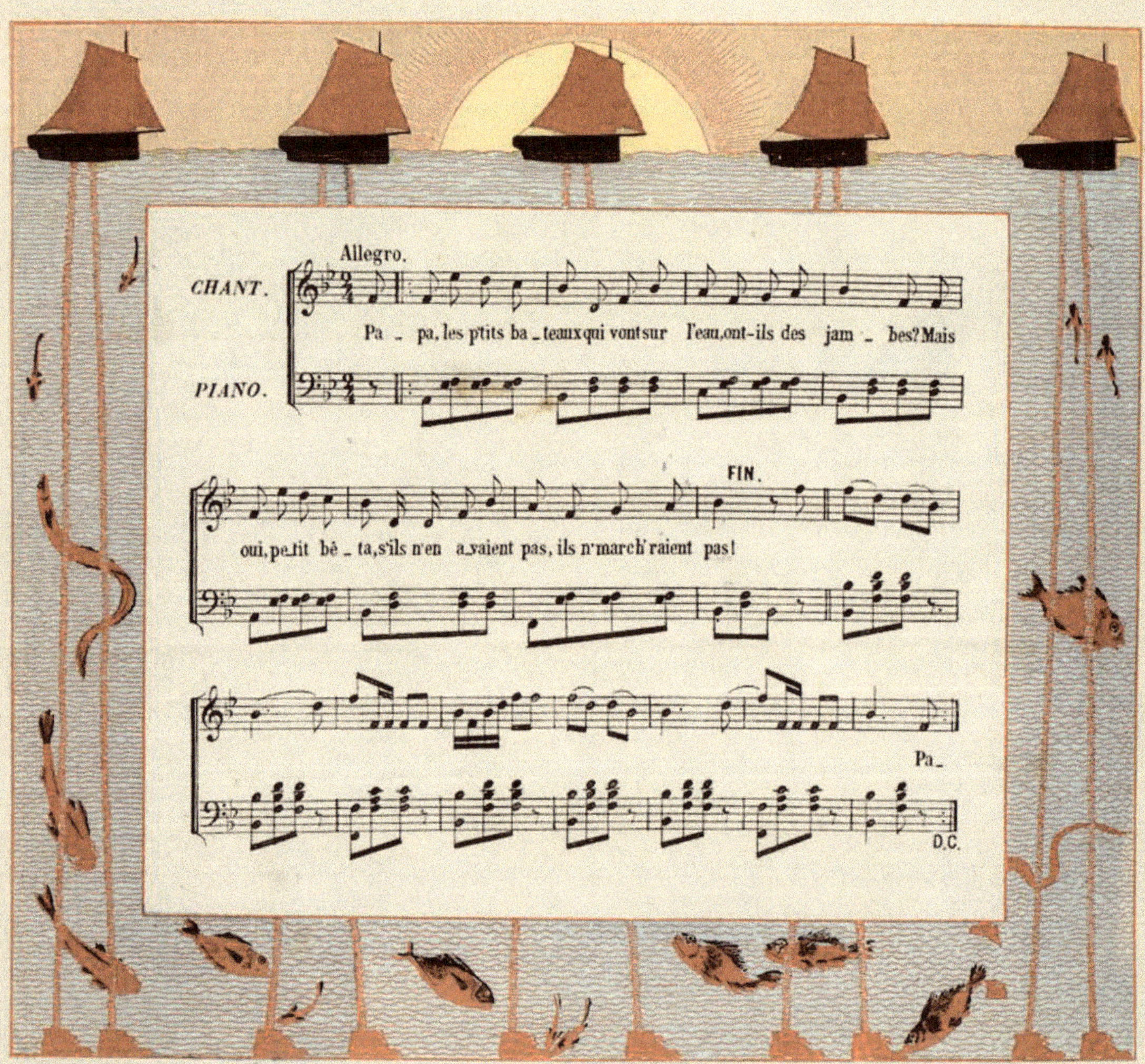

LA MONACO.

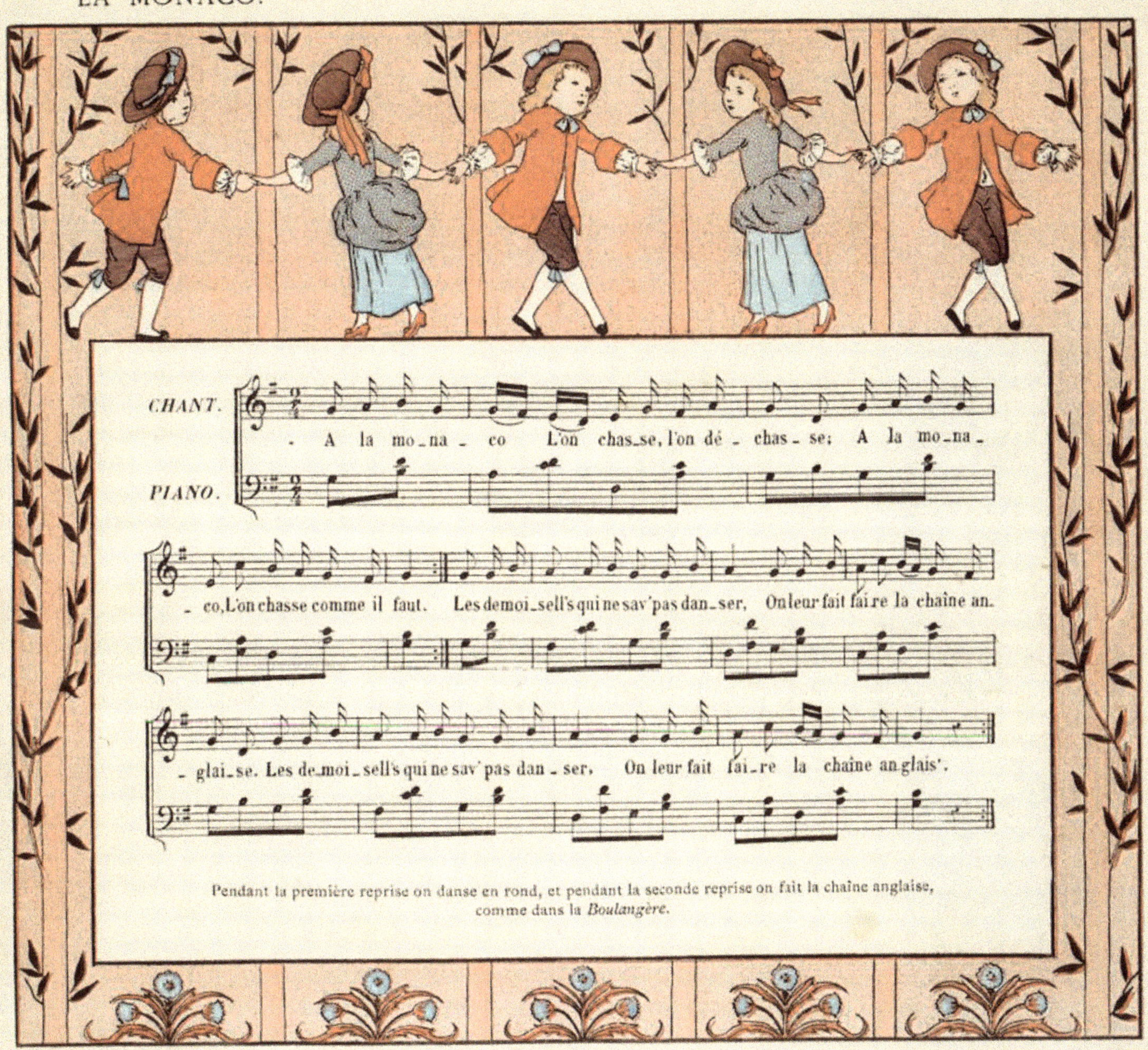

Pendant la première reprise on danse en rond, et pendant la seconde reprise on fait la chaîne anglaise, comme dans la *Boulangère*.

LE CHEVALIER DU GUET.

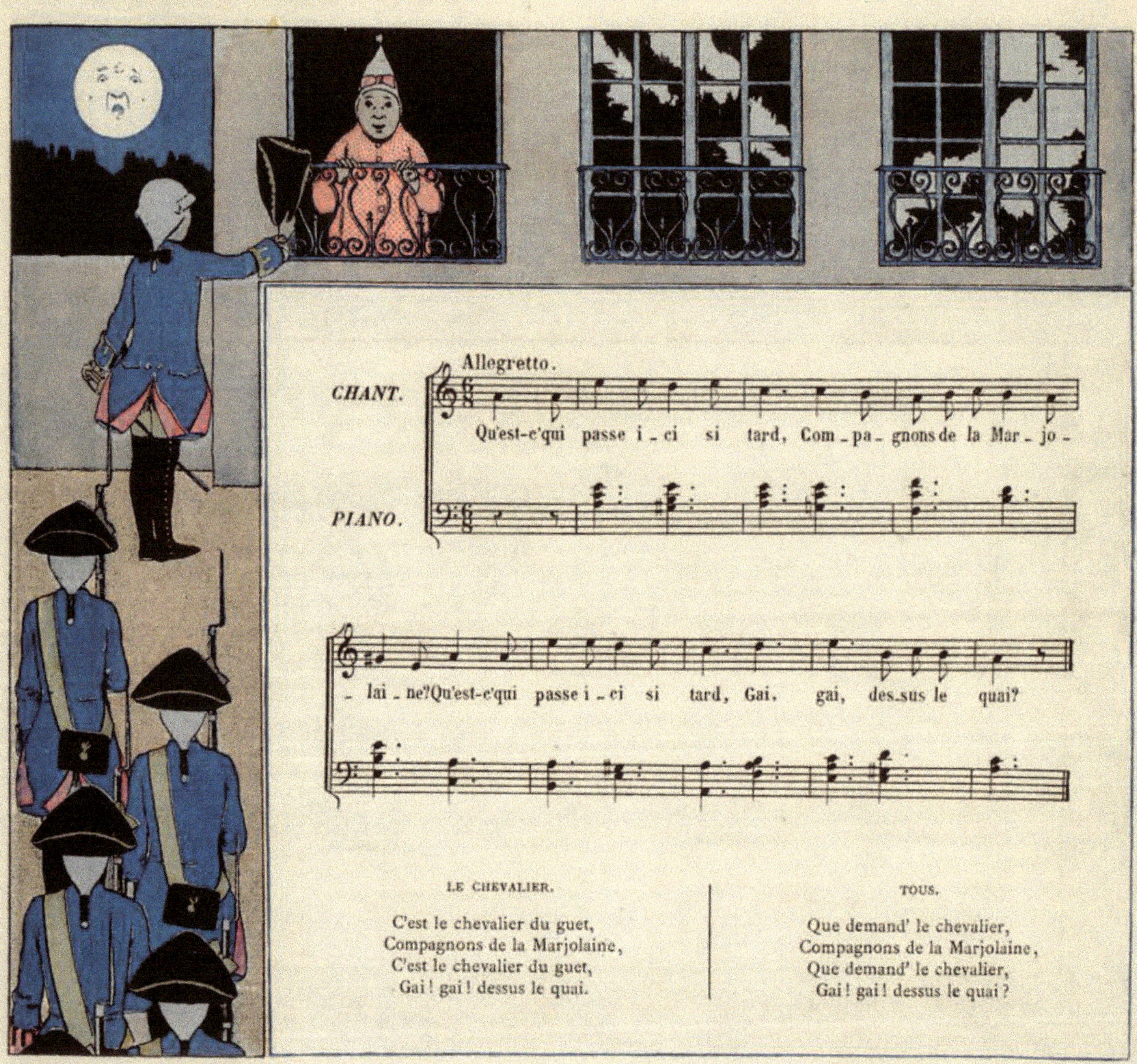

LE CHEVALIER.

C'est le chevalier du guet,
Compagnons de la Marjolaine,
C'est le chevalier du guet,
Gai ! gai ! dessus le quai.

TOUS.

Que demand' le chevalier,
Compagnons de la Marjolaine,
Que demand' le chevalier,
Gai ! gai ! dessus le quai ?

LE CHEVALIER DU GUET.

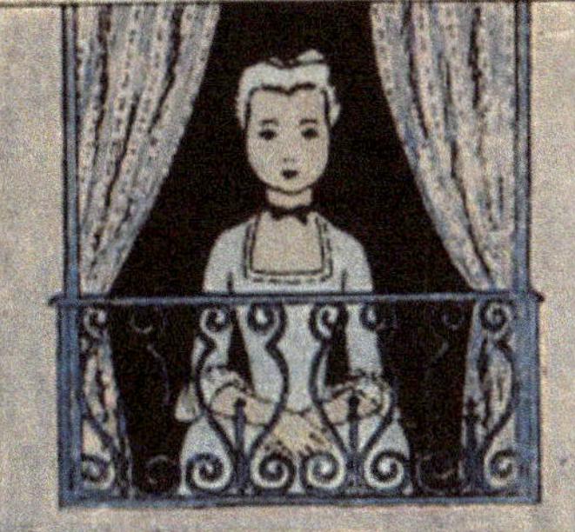

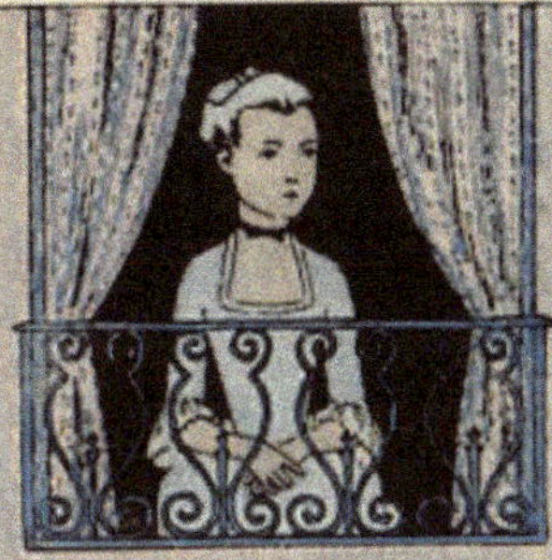

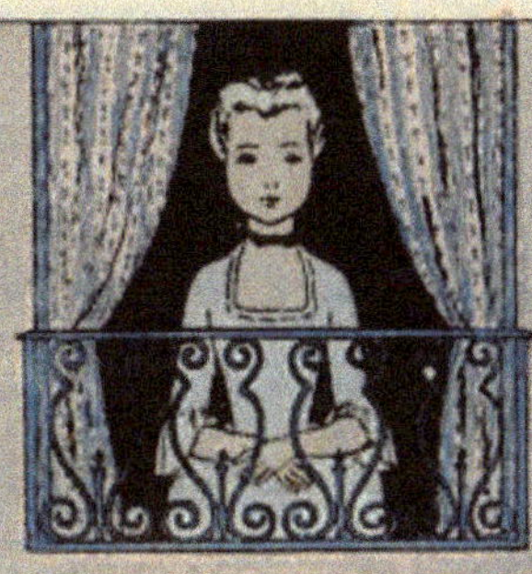

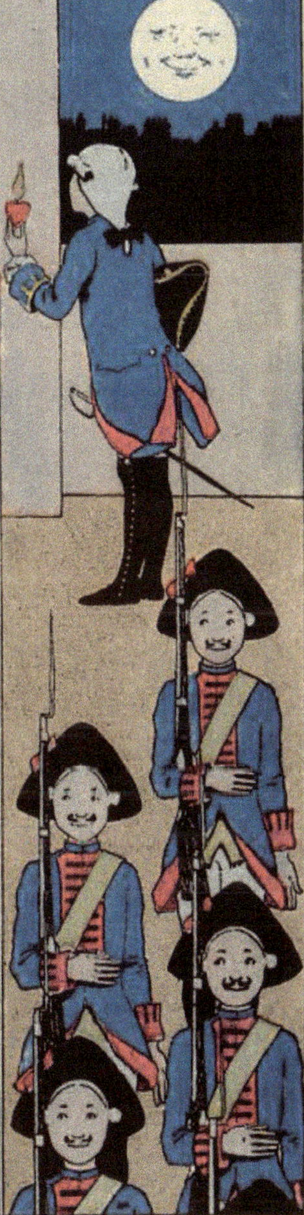

LE CHEVALIER.

Une fille à marier,
Compagnons, etc.

TOUS.

N'y a pas d' fille à marier,
Compagnons, etc.

LE CHEVALIER.

On m'a dit qu' vous en aviez,
Compagnons, etc.

TOUS.

Ceux qui l'ont dit s' sont trompés,
Compagnons, etc.

LE CHEVALIER.

Je veux que vous m'en donniez,
Compagnons, etc.

TOUS.

Sur les onze heur's repassez,
Compagnons, etc.

LE CHEVALIER.

Les onze heur's sont bien passées,
Compagnons, etc.

TOUS.

Sur les minuit revenez,
Compagnons, etc.

LE CHEVALIER.

Les minuit sont bien sonnés,
Compagnons, etc.

TOUS.

Mais nos filles sont couchées,
Compagnons, etc.

LE CHEVALIER.

En est-il un' d'éveillée?
Compagnons, etc.

TOUS.

Qu'est-c' que vous lui donnerez?
Compagnons, etc.

LE CHEVALIER.

De l'or, des bijoux assez,
Compagnons, etc.

TOUS.

Ell' n'est pas intéressée,
Compagnons, etc.

LE CHEVALIER.

Mon cœur je lui donnerai,
Compagnons, etc.

TOUS.

En ce cas-là, choisissez,
Compagnons, etc.

L'enfant qui représente le chevalier du guet chante seul le deuxième couplet devant un groupe d'enfants qui lui répondent, et ainsi de suite jusqu'à la fin, où il choisit une jeune fille qui se sépare du groupe. Ils s'enfuient tous les deux, poursuivis par les autres enfants.

AH! MON BEAU CHATEAU.

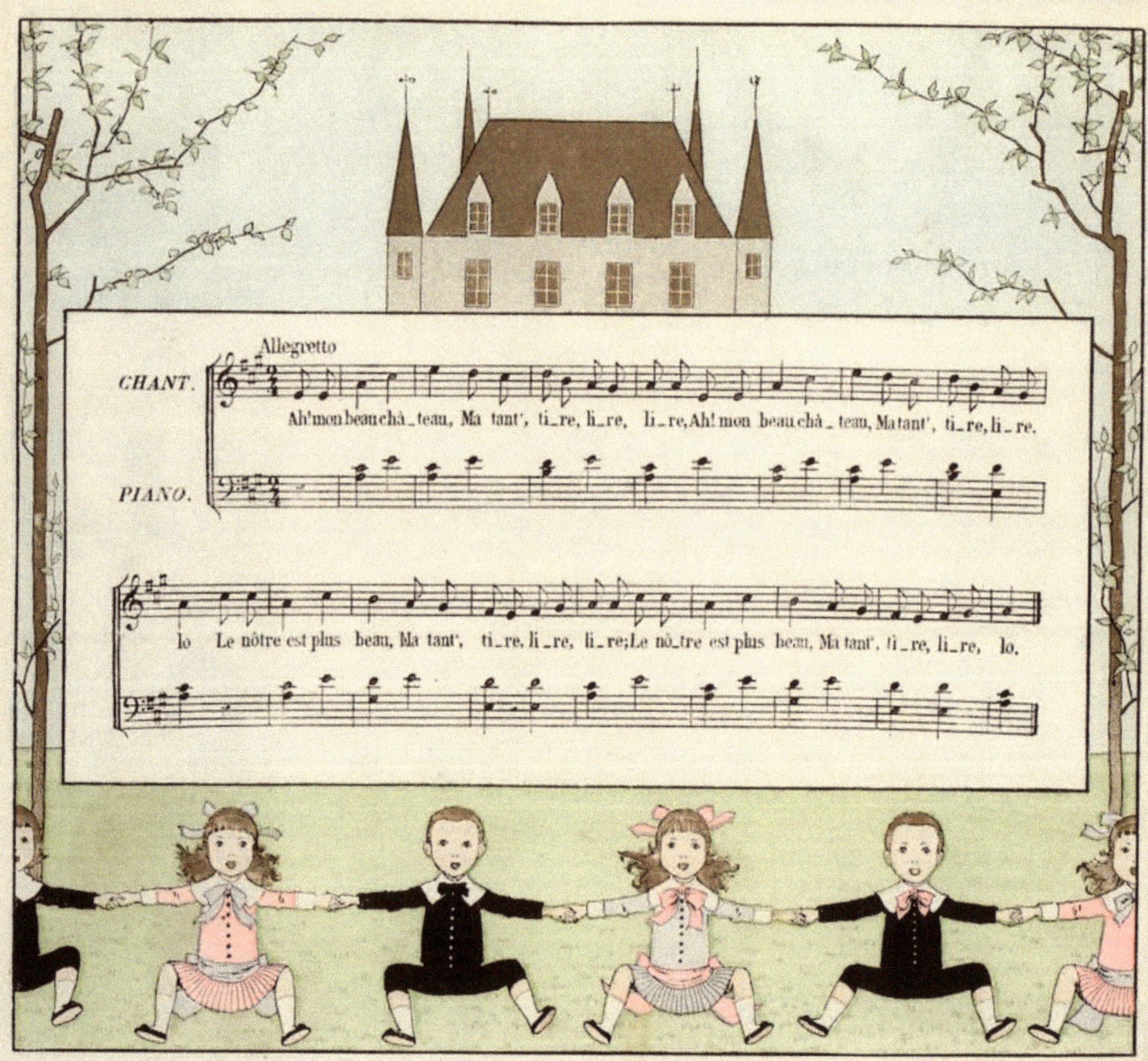

AH! MON BEAU CHATEAU.

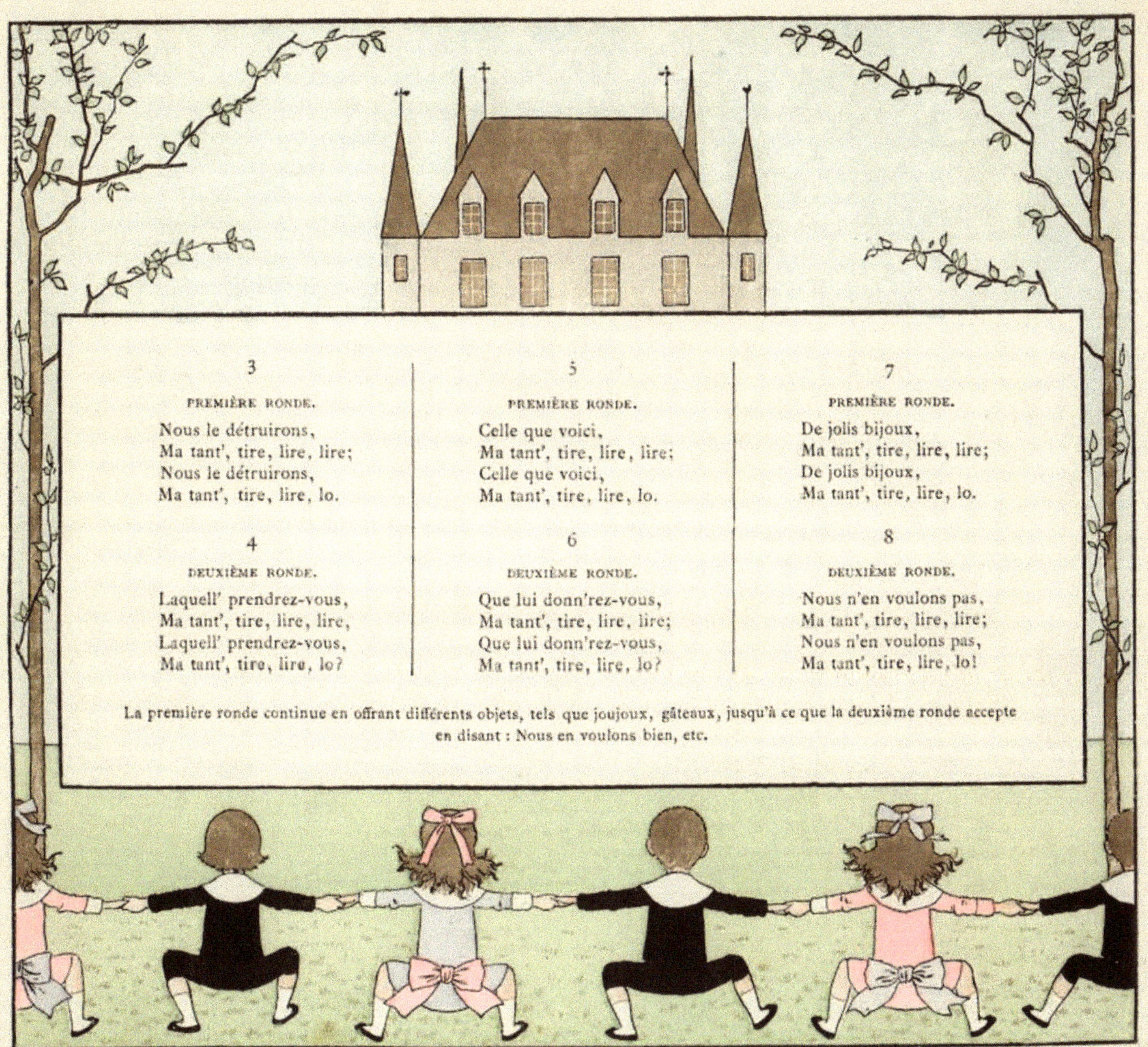

3

PREMIÈRE RONDE.

Nous le détruirons,
Ma tant', tire, lire, lire;
Nous le détruirons,
Ma tant', tire, lire, lo.

4

DEUXIÈME RONDE.

Laquell' prendrez-vous,
Ma tant', tire, lire, lire,
Laquell' prendrez-vous,
Ma tant', tire, lire, lo?

5

PREMIÈRE RONDE.

Celle que voici,
Ma tant', tire, lire, lire;
Celle que voici,
Ma tant', tire, lire, lo.

6

DEUXIÈME RONDE.

Que lui donn'rez-vous,
Ma tant', tire, lire, lire;
Que lui donn'rez-vous,
Ma tant', tire, lire, lo?

7

PREMIÈRE RONDE.

De jolis bijoux,
Ma tant', tire, lire, lire;
De jolis bijoux,
Ma tant', tire, lire, lo.

8

DEUXIÈME RONDE.

Nous n'en voulons pas,
Ma tant', tire, lire, lire;
Nous n'en voulons pas,
Ma tant', tire, lire, lo!

La première ronde continue en offrant différents objets, tels que joujoux, gâteaux, jusqu'à ce que la deuxième ronde accepte en disant : Nous en voulons bien, etc.

COUCOU.

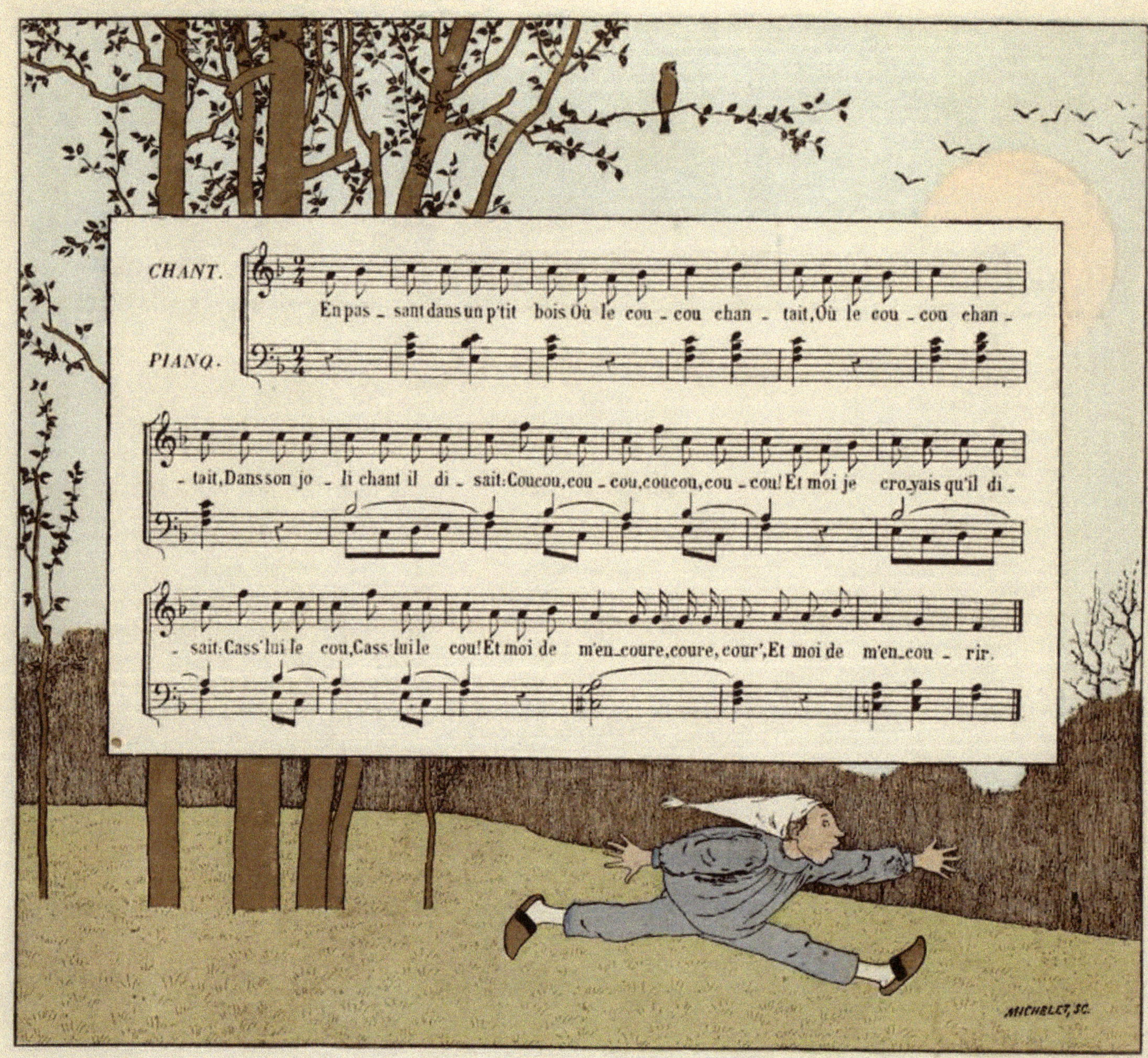
CHANT.
PIANO.
En pas _ sant dans un p'tit bois Où le cou _ cou chan _ tait, Où le cou _ cou chan _
_ tait, Dans son jo _ li chant il di _ sait: Coucou, cou _ cou, coucou, cou _ cou! Et moi je cro_yais qu'il di _
_ sait: Cass' lui le cou, Cass' lui le cou! Et moi de m'en_coure, coure, cour', Et moi de m'en_cou _ rir.
MICHELET, SC.

COUCOU.

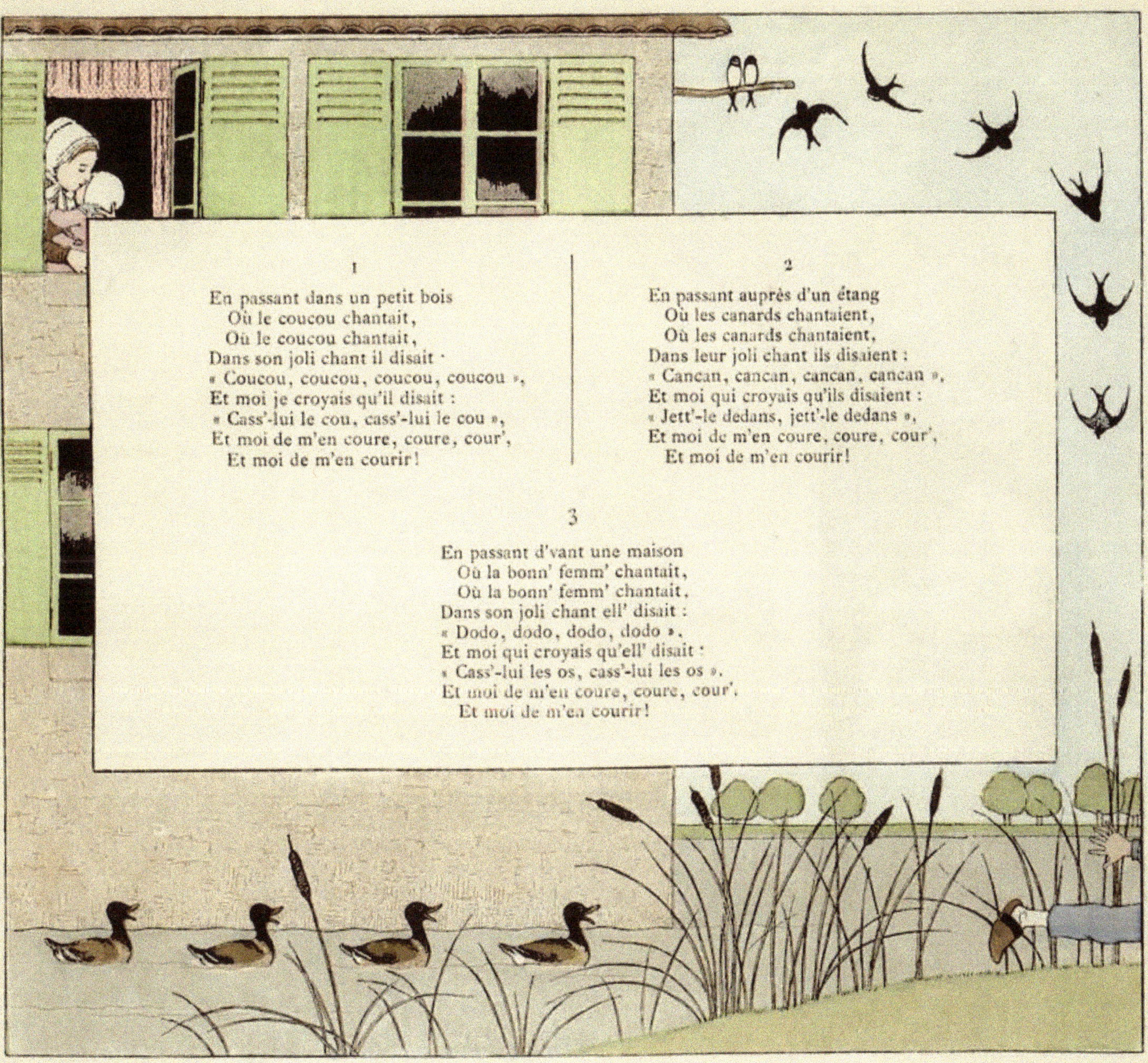

1

En passant dans un petit bois
  Où le coucou chantait,
  Où le coucou chantait,
Dans son joli chant il disait :
« Coucou, coucou, coucou, coucou »,
Et moi je croyais qu'il disait :
« Cass'-lui le cou, cass'-lui le cou »,
Et moi de m'en coure, coure, cour',
  Et moi de m'en courir !

2

En passant auprès d'un étang
  Où les canards chantaient,
  Où les canards chantaient,
Dans leur joli chant ils disaient :
« Cancan, cancan, cancan, cancan »,
Et moi qui croyais qu'ils disaient :
« Jett'-le dedans, jett'-le dedans »,
Et moi de m'en coure, coure, cour',
  Et moi de m'en courir !

3

En passant d'vant une maison
  Où la bonn' femm' chantait,
  Où la bonn' femm' chantait,
Dans son joli chant ell' disait :
« Dodo, dodo, dodo, dodo »,
Et moi qui croyais qu'ell' disait :
« Cass'-lui les os, cass'-lui les os »,
Et moi de m'en coure, coure, cour',
  Et moi de m'en courir !

FAIS DODO, COLAS.

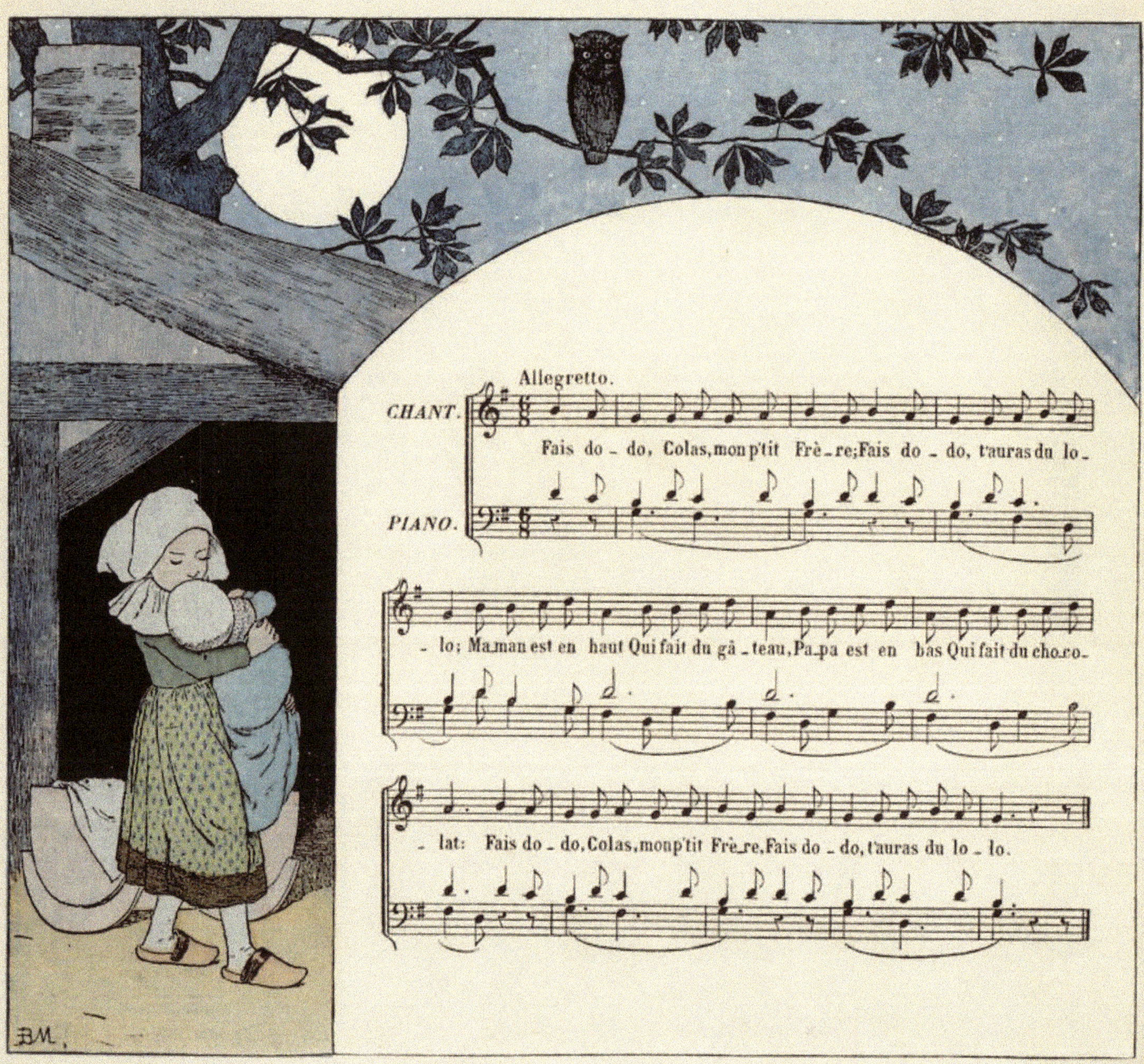

AH! VOUS DIRAI-JE, MAMAN.

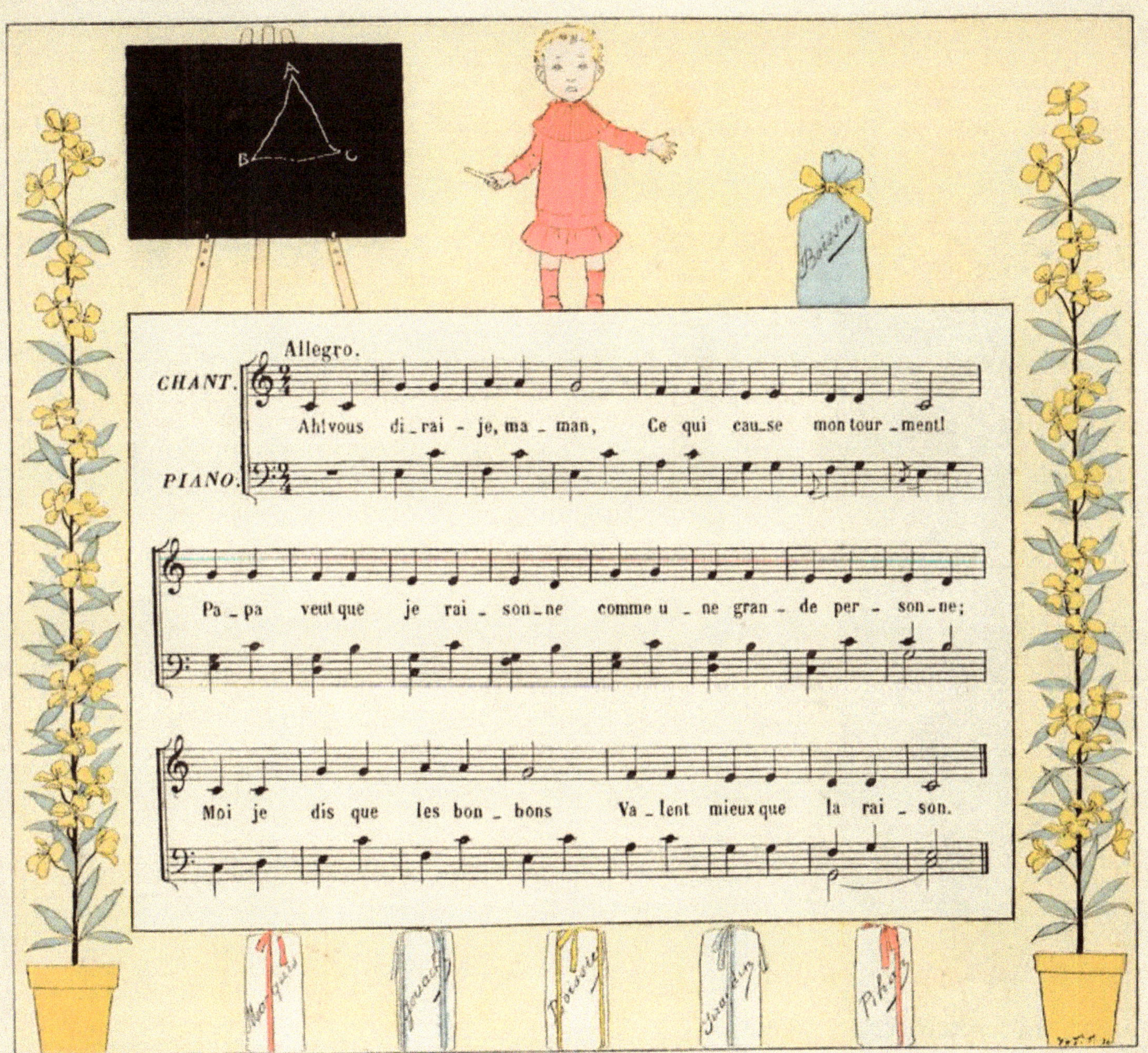

LA BONNE AVENTURE.

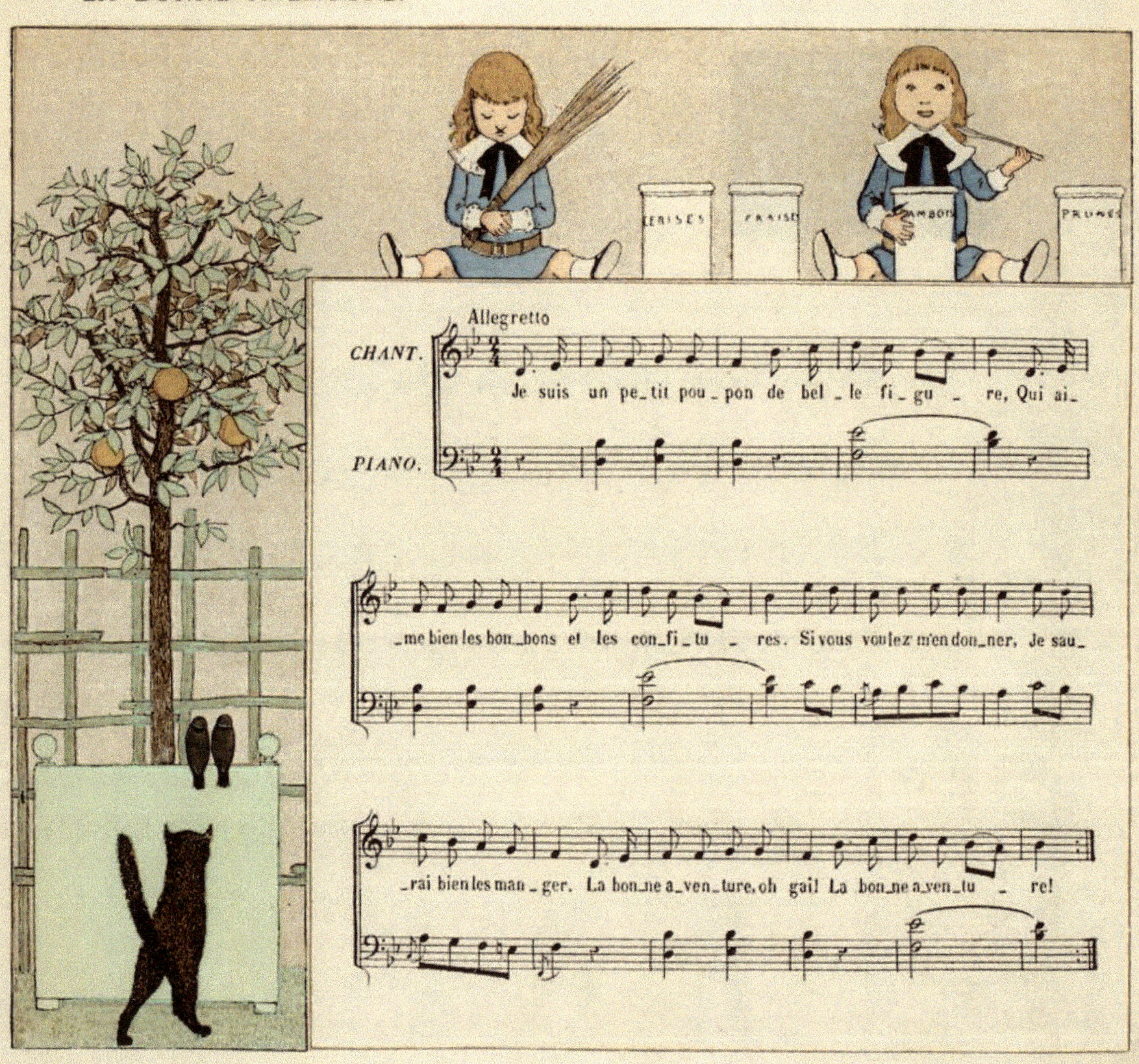

LA BONNE AVENTURE.

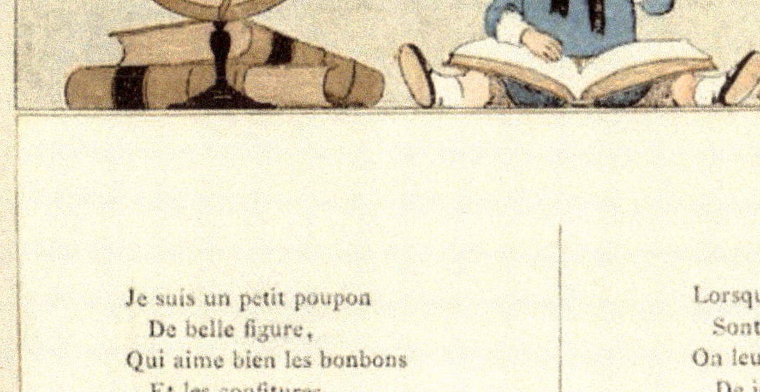

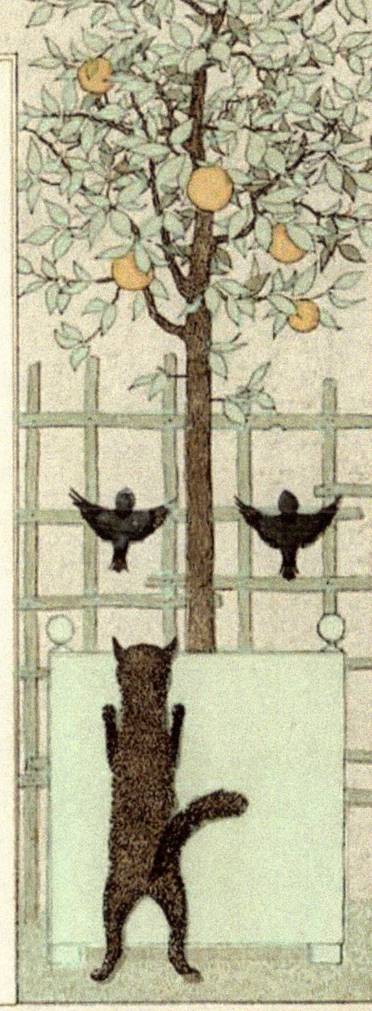

Je suis un petit poupon
  De belle figure,
Qui aime bien les bonbons
  Et les confitures.
Si vous voulez m'en donner,
Je saurai bien les manger.
  La bonne aventure,
    Oh! gai!
  La bonne aventure!

2

Lorsque les petits garçons
  Sont gentils et sages,
On leur donne des bonbons,
  De jolies images.
Mais quand ils se font gronder,
C'est le fouet qu'il faut donner.
  La triste aventure,
    Oh! gai!
  La triste aventure!

3

Je serai sage et bien bon,
  Pour plaire à ma mère;
Je saurai bien ma leçon,
  Pour plaire à mon père;
Je veux bien les contenter,
Et s'ils veulent m'embrasser,
  La bonne aventure,
    Oh! gai!
  La bonne aventure!

LE PETIT CHASSEUR.

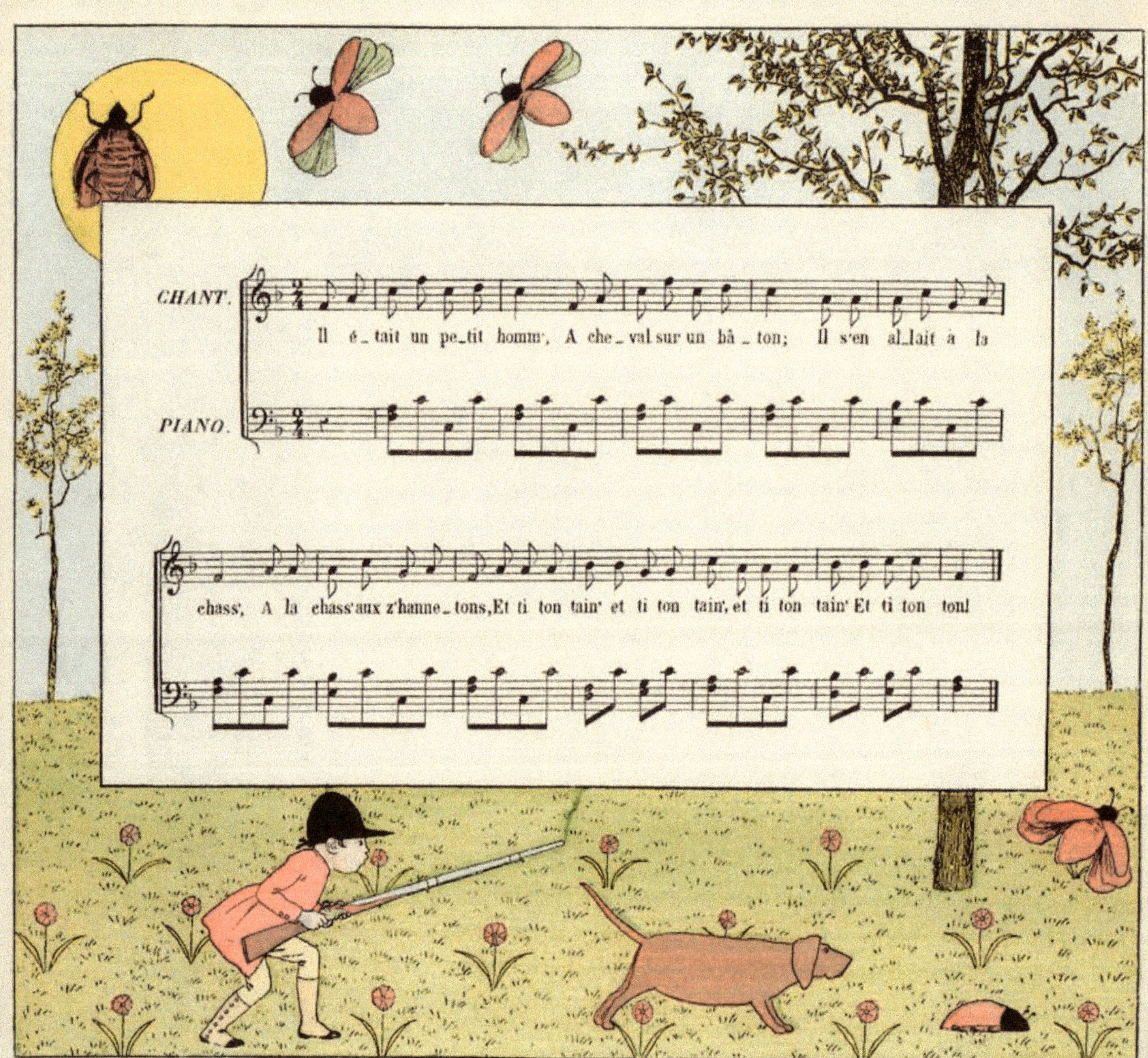

LE PETIT CHASSEUR.

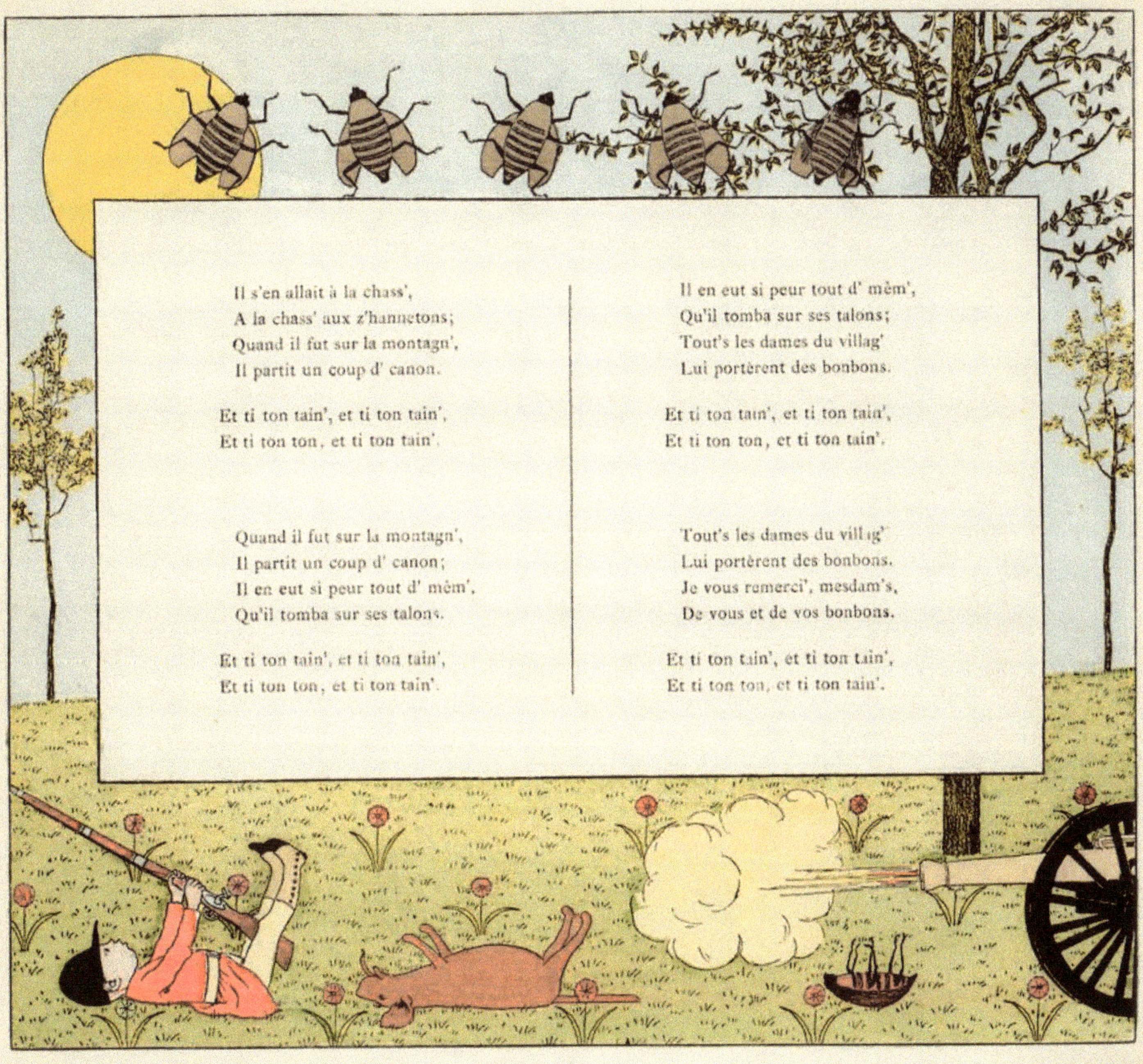

Il s'en allait à la chass',
A la chass' aux z'hannetons;
Quand il fut sur la montagn',
Il partit un coup d' canon.

Et ti ton tain', et ti ton tain',
Et ti ton ton, et ti ton tain'.

Quand il fut sur la montagn',
Il partit un coup d' canon;
Il en eut si peur tout d' mêm',
Qu'il tomba sur ses talons.

Et ti ton tain', et ti ton tain',
Et ti ton ton, et ti ton tain'.

Il en eut si peur tout d' mêm',
Qu'il tomba sur ses talons;
Tout's les dames du villag'
Lui portèrent des bonbons.

Et ti ton tain', et ti ton tain',
Et ti ton ton, et ti ton tain'.

Tout's les dames du villag'
Lui portèrent des bonbons.
Je vous remerci', mesdam's,
De vous et de vos bonbons.

Et ti ton tain', et ti ton tain',
Et ti ton ton, et ti ton tain'.

SAVEZ-VOUS PLANTER LES CHOUX ?

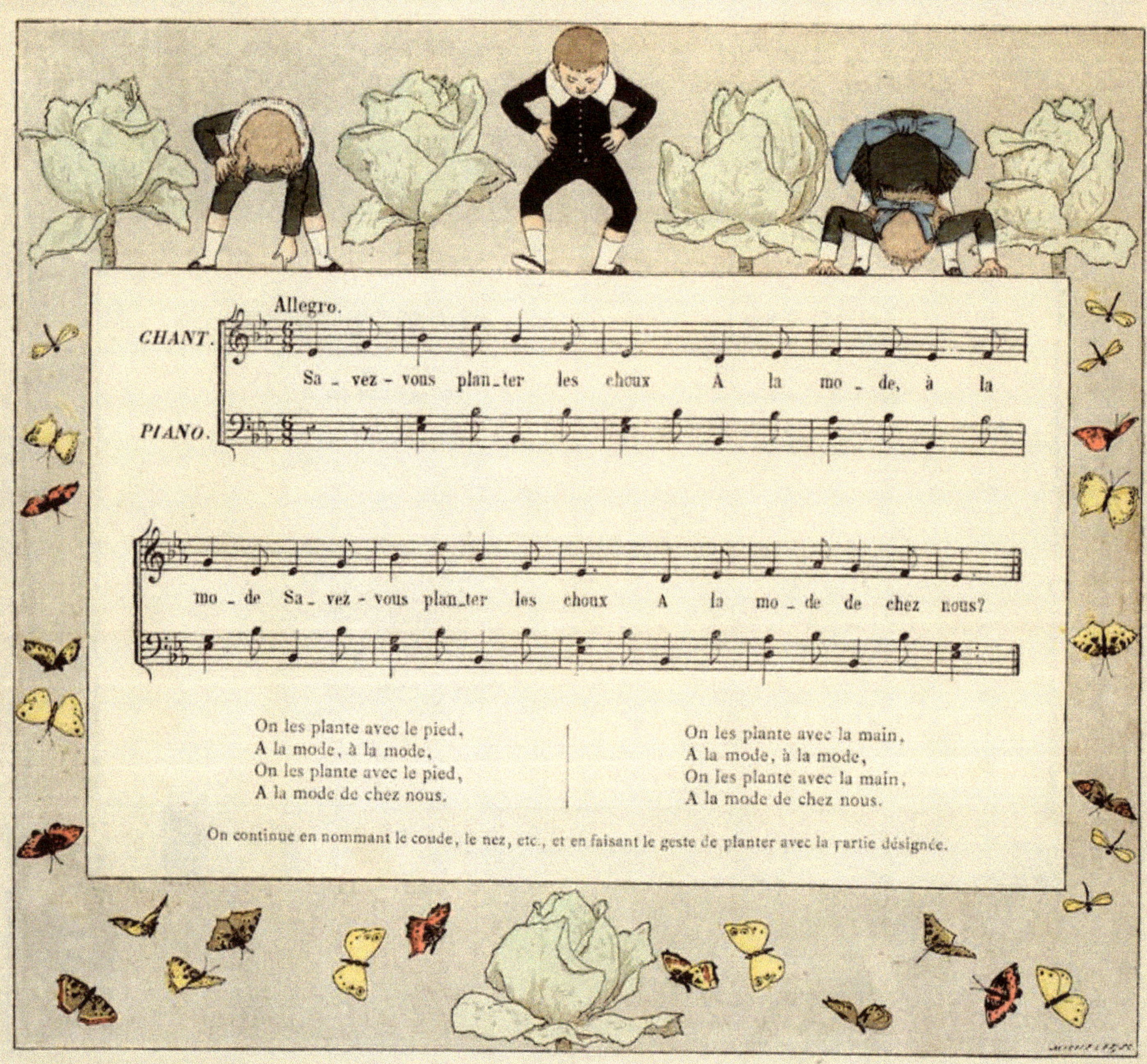

LA MÈRE MICHEL.

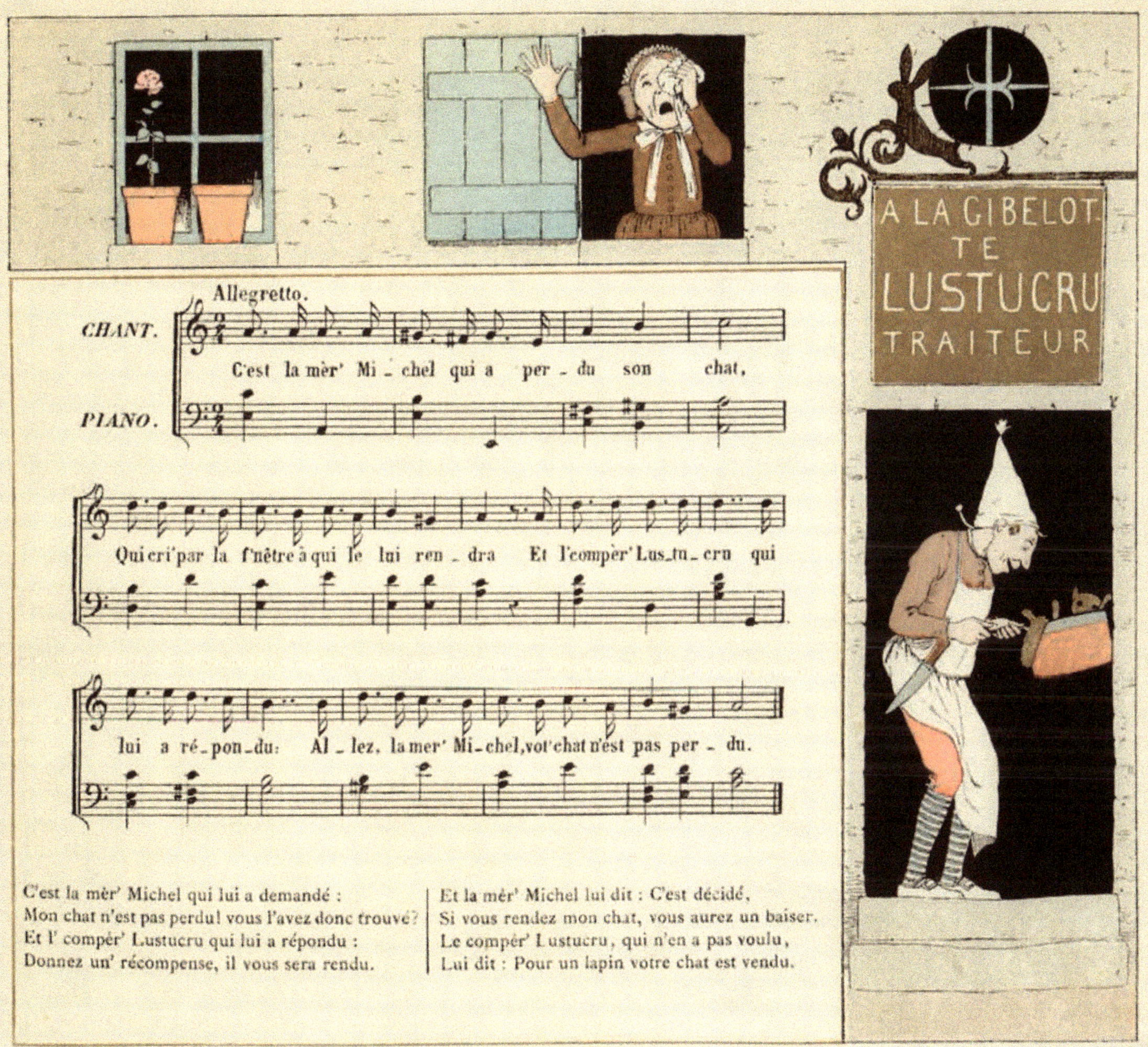

C'est la mèr' Michel qui lui a demandé :
Mon chat n'est pas perdu! vous l'avez donc trouvé?
Et l' compèr' Lustucru qui lui a répondu :
Donnez un' récompense, il vous sera rendu.

Et la mèr' Michel lui dit : C'est décidé,
Si vous rendez mon chat, vous aurez un baiser.
Le compèr' Lustucru, qui n'en a pas voulu,
Lui dit : Pour un lapin votre chat est vendu.

GALOP.

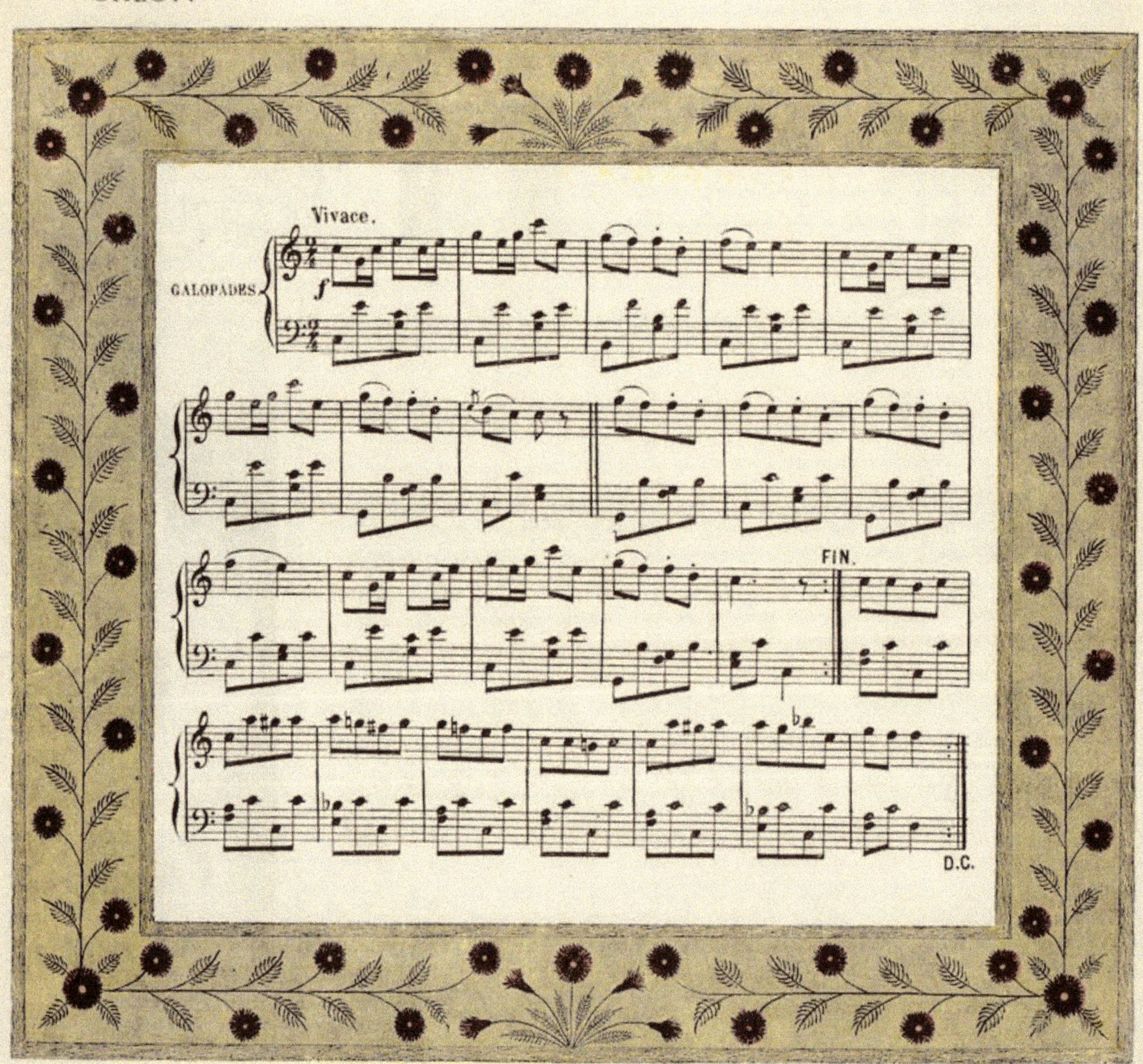

POLKA.

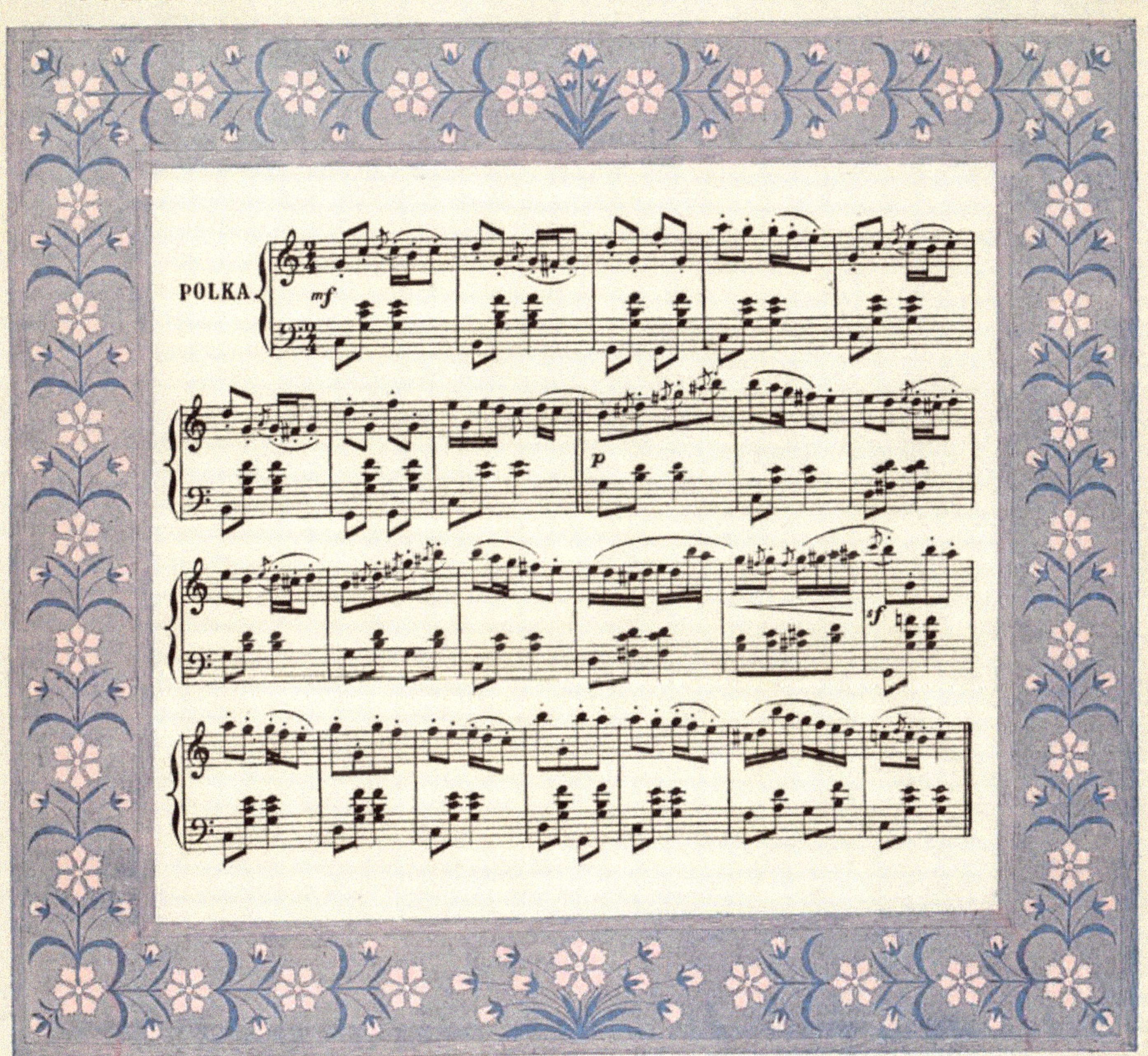

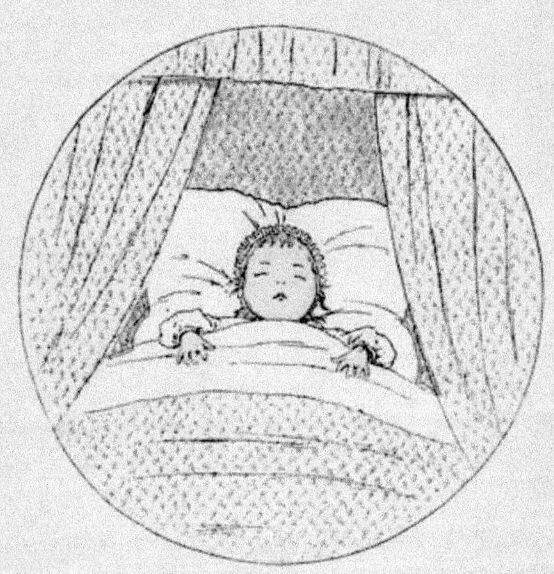

PARIS. TYPOGRAPHIE E. PLON, NOURRIT ET Cie, RUE GARANCIÈRE, 8.

ENCRES DE COULEUR DE LA MAISON CH. LORILLEUX ET Cie.

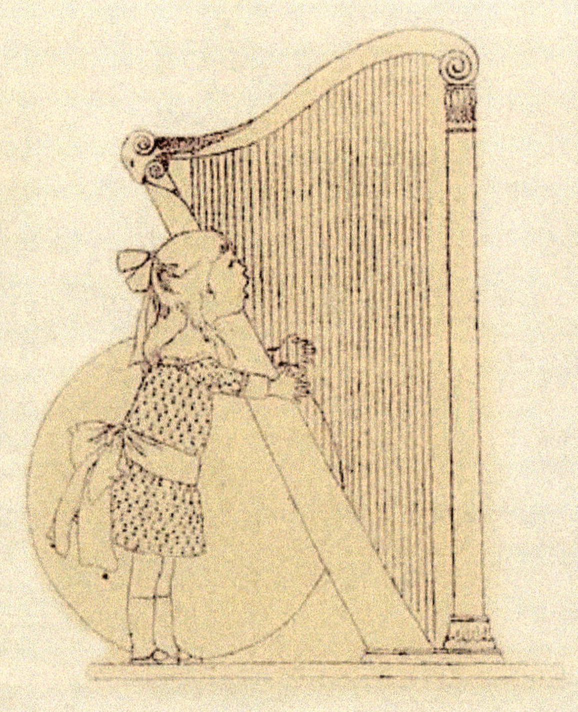

PARIS. TYPOGRAPHIE E. PLON, NOURRIT ET Cie, RUE GARANCIÈRE, 8

Achevé d'imprimer en Angleterre
par Lightning Source UK

www.ingramcontent.com/pod-product-compliance
Ingram Content Group UK Ltd.
Pitfield, Milton Keynes, MK11 3LW, UK
UKHW062009290726
14090UKWH00022B/1480